Alessio Aloisi

TRADING
Para principiantes

De cero a Trader

Copyright © 2020 Alessio Aloisi

www.alessioaloisi.com

Resumen

Introducción

¿Escuchas a menudo hablar sobre el "trading", "inversiones automáticas", "dinero", "spread", "forex" y temas similares?

¿Eres un principiante y te gustaría seguir un camino, fácil y lineal, para enfrentarte al viaje de trader con las herramientas adecuadas y aprender a administrar tus ahorros de forma independiente?

¡Entonces estás en el lugar correcto!

Existe un exceso de información, la mayoría de las veces contradictoria, hay varios libros, cursos y videos que hablan sobre estos temas; desafortunadamente en la web, al dar voz a "todos", también se permite la difusión de información no válida o engañosa, lo que hace que las personas se desubiquen y pierdan tiempo, dinero y salud.

"Para mi el hombre culto es aquel que sabe dónde buscar la información en el único momento de su vida cuando la necesita."

-Umberto Eco-

Todos los días escucho a personas decepcionadas, que han perdido parte de sus ahorros, por no decir todos, siguiendo los consejos de supuestos formadores, artículos de blog, cursos que prometieron ganancias mensuales o videos con estrategias "milagrosas" ...

¡Con este libro quiero decir BASTA a todo aquello y aclarar las cosas de una vez por todas!

Sin rodeos o tantas vueltas a temas inútiles: lo que leerás será un libro práctico con nociones fundamentales. En estas líneas trataré de exponer sólo lo mejor de este universo.

¿Cómo lo haré? Inspirándome en los mejores traders del mundo y poniendo a disposición mi humilde experiencia acumulada en estos años por el trader algorítmico, en el que pasé mañanas, tardes, y largas noches en los gráficos para analizar los mercados, tanto en vivo como a través de análisis cuantitativos a lo largo de las décadas.

Te advierto que el mío es un lenguaje muy simple y directo: no encontrarás grandes palabras, no encontrarás conceptos complicados o un lenguaje basado en un texto universitario. Lo que me interesa es que recibas información útil de la manera más directa y simple posible.

Mi objetivo es darte dicha información para que puedas tener claridad y comenzar un camino exitoso en el mundo del trading online, principalmente a través del mercado de forex.

Pero ten cuidado: este no es un libro por leer en la noche antes de quedarse dormido. Es un manual para estudiar, subrayar, leer y releer hasta que se haya entendido toda la información fundamental.

Potencialmente, el trading está al alcance de cualquiera que quiera mejorar y gestionar mejor sus finanzas.

"No necesitas ser un científico de cohetes. Invertir no es un juego donde el tipo con el IQ de 160 supera al chico con IQ de 130."

-Warren Buffet-

Así que ponte cómodo ... ¿Estás listo?

Empecemos!

Capítulo 1: Qué es el trading online?

No importa si la acción sube o baja; Mientras se mueva, existe la posibilidad de hacer trading.

-Gregory J. Millman-

El trading online, también conocido como TOL (acrónimo en inglés), no es más que la compra y venta de instrumentos financieros gracias a Internet.

Obviamente, ha revolucionado el mundo de las inversiones, gracias a las muchas ventajas que se derivan de él: entres las comodidades es que se puede hacer inversiones directamente desde el hogar y los consecuentes costes de comisiones son más bajos.

En este libro trataremos principalmente con instrumentos CFD, "contract for difference": contratos por diferencia con los que es posible invertir en el mercado de forex, incluso comenzando con poco capital, para permitir que cualquiera pueda hacer trading y para una mayor diversificación de la inversión.

Pero veamos cuáles son los principales operadores presentes en los mercados.

Se puede hacer una primera distinción genérica entre:

Entidades institucionales, que generalmente tienen grandes cantidades de capital (por ejemplo, bancos, fondos de inversión, hedge fund, etc.) generalmente con fondos no propios.

Entidades minoristas (como nosotros), una categoría que incluye traders privados que operan con su propio capital.

Los trader retail a su vez se pueden dividir principalmente en:

Trader discrecionales, es decir, trader que abren y cierran transacciones manualmente sin utilizar ningún sistema automático. Tienen una decisión completa sobre cada operación(con operación quiero decir trade).

Trader semi-discrecionales (o semiautomáticos), que también combinan análisis cuantitativos con análisis discrecionales personales. ¡Para hacer una comparación, es como cuando tenemos que elegir y escuchar tanto el corazón como la mente!

Trader algorítmicos (cuantitativos, sistemáticos o automáticos) son aquellos trader, como yo, que utilizan trading system para estudiar el mercado y analizar las mejores oportunidades de inversión. Luego, una vez que se hayan identificado los pattern, las condiciones que se pueden automatizar, se insertan en un software llamado trading system, que abre y cierra las transacciones de forma independiente, sin tener que estar horas y horas pendientes de los gráficos, para encontrar las mejores oportunidades para abrir / cerrar trades.

Los tres tipos de trader (discrecional, semi-discrecional y algorítmico) pueden dividirse posteriormente en 3 subcategorías, principalmente en función de la duración de sus operaciones.

Tenemos:

Los scalpers, que pueden ser discrecionales, semi-discrecionales o algorítmicos y que, con sus estrategias, abren y cierran muchas operaciones en pocos segundos (como máximo unos minutos).

Para ser un scalper tienes que estar muy preparado, porque corres el riesgo de perder mucho dinero en unos segundos si algo sale accidentalmente mal.

Day trader: es el marco de tiempo que uso principalmente. El day trader indica que las operaciones están abiertas y cerradas durante el día: por ejemplo, una operación de Buy abre a las 10:00 de la mañana y cierra por la tarde a las 20:00.

Multiday trader: son aquellos operadores que abren sus operaciones en un día X y los cierran en un día Y, sin embargo, siempre es más de 24 horas desde la apertura de la misma operación.

Trader de posición: todos aquellos traders a largo plazo. Alguien mantiene una operación abierta durante al menos 30 días, otros la mantienen durante meses o incluso años. Para dar un ejemplo: compre acciones de Amazon, sabiendo que es una compañía en crecimiento, y dejo las acciones compradas allí en una perspectiva a largo plazo.

Pero, ¿sobre qué base los traders abren y cierran operaciones?

Las tres macro categorías de análisis que siempre generan mucha discusión son las siguientes:

Análisis Fundamental son aquellos análisis que se basan en noticias macroeconómicas: por ejemplo, con respecto a las acciones, en un estudio en profundidad de la empresa, sus ganancias, tendencias y pronósticos.

Análisis Técnico, utilizando únicamente el gráfico, las velas de los precios, a través de varias herramientas técnicas como líneas de tendencia, pattern, patrones, etc.

Análisis Cuantitativo, principalmente a través de software que analizan a los historiales de un mercado determinado, a partir de los últimos 5, 10 o 20 años.

La buena noticia es que ningún análisis excluye al otro: por lo tanto, estos pueden usarse en sinergia, como en el caso de los traders semi-discrecionales.

Entonces, ¿Cuál es el mejor tipo de trader? ¿Cuál es el mejor marco de tiempo para operar? ¿Y cuáles son los mejores análisis?

Simplemente no existe el mejor tipo de trader, ni el mejor marco de tiempo o el mejor análisis. ¡Estos son aspectos puramente subjetivos! Hay personas que prefieren pasar horas en los gráficos y abrir operaciones manualmente después de estudiar el gráfico a través del análisis técnico, haciendo clic con el dedo índice sobre el ratón. Al mismo tiempo, hay trader, como yo, que prefieren estudiar estrategias válidas con análisis cuantitativo en sentido ascendente, para tener una ventaja estadística del mercado y luego hacer que los trading system de 24 horas funcionen de forma independiente.

¿Qué les digo a quienes dicen que el trading discrecional tiene un mejor rendimiento que el trading automático? Que es una gran generalización, basada en datos no reales.

La persona que más me ha inspirado en este mundo es, sin duda, Andrea Unger, la única persona en ganar el campeonato mundial de trading 4 veces con acciones "abrumadoras", utilizando sus trading system y también superando a los trader discrecionales de todos el mundo.

De todas formas conozco trader discrecionales que hacen números vertiginosos pero se pasan horas y horas en gráficos y estudian los mercados durante más de 20 años.

"Todos los trader tienen debilidades y fortalezas. Algunos saben cómo ganar, otros saben cómo perder. Siempre y cuando mantengas tu estilo, puedes beneficiarte tanto de lo bueno como de lo malo ".

-Michael Marcus-

Veamos con más detalle cuáles son los pros y los contras de cada tipo de operador en cuestión.

Trader discrecional

Seguramente el trader discrecional debe conocer los mercados como la palma de sus manos, debe saber cuáles son las fuerzas que los mueven, debe tener una gran disciplina y manejo de sus emociones.

Los trader discrecionales por lo general usan principalmente análisis técnicos: abren los cuadros, comienzan a encontrar pattern de velas, señales indicadoras, niveles de precios importantes de acuerdo con su visión y todas las otras herramientas técnicas para el análisis.

Para experimentar los mercados, los broker o intermediarios financieros, proporcionan cuentas demo o sea cuentas de dinero falso para que los clientes puedan practicar y dejarse llevar.

Por un lado, es un aspecto positivo, por el otro no es muy productivo para los trader discrecionales: y esto se debe a que una cosa es para abrir una operación y luego cerrarla cuando sabes que no pierdes nada porque es dinero virtual, otra es estar al frente de la tabla y gestionar una pérdida de € 100 / € 1,000 / € 10,000. ¿Entiendes?

Las emociones, la adrenalina y la ira entran en juego, mientras que en caso de ganar, te entran la avaricia y todas las demás emociones relacionadas.

Por esta razón, aquellos que hacen trading discrecional, disculpen los términos, deben tener "pelotas así": deben ser capaces de manejarse primero y ser conscientes de sus habilidades, ¡pero también deben tener un plan de trading y estrategias de control de riesgos!

Las personas llegan a ser buenos traders después de años: años de estudio, años de práctica y, en el peor de los casos, años de pérdidas.

Otra nota que puede ser subjetivamente positiva o negativa para el trader discrecional está relacionada con la poca diversificación. ¿En qué sentido?

En el sentido de que los trader discrecionales analizan manualmente los gráficos y siempre gestionan manualmente las operaciones hasta su cierre. Obviamente, esto se puede hacer en unos pocos asset: para un trading discrecional exitoso, por lo tanto, es necesario centrarse en unos pocos asset, escudriñar y tener siempre un ojo muy atento. Tu entiendes bien que una cosa es hacerlo en 4 o 5 gráficos, otra es hacerlo en 30/40 gráficos, como es posible hacerlo con el trading automático.

En resumen: ser un trader discrecional implica permanecer delante de los gráficos durante varias horas al día, a excepción de aquellos trader discrecionales que en su lugar actúan sobre una operación multiday y de posición y que generalmente analizan los gráficos solo durante varios minutos al día.

Otro factor que afecta al trader discrecional puede ser el horario de trading: un trader discrecional puede operar principalmente durante el día, a menos que establezca una alarma en el medio de la noche para buscar setup operativos y hacer trading incluso a altas horas de la noche, cuando hay mercados activos que ofrecen buenas oportunidades intercambio.

Ser un trader discrecional no es para mí, pero si te gusta analizar los gráficos durante horas, todos los días, y probar toda esta mezcla de emociones amplificadas por las apuestas, puedes seguir a los mejores trader discrecionales como Marco Ciucci, Tony Cioni Puviani, Stefano Fanton y muchos otros!

Trader semi-discrecional

El trader semi-discrecional en mi opinión representa el justo compromiso entre el corazón y el cerebro.

Por lo general, los trader semi-discrecionales usan análisis cuantitativos para encontrar ineficiencias estadísticas y para encontrar repeticiones estacionales en el mercado, como en las estrategias sobre las materias primas. Una vez que tienen estos datos entre manos, están listos para abrir operaciones de mercado live, utilizando setup de entrada elegidos a través de un rápido análisis técnico. Luego, los mismos, cierran la operación sobre la base del estudio cuantitativo o según un setup del análisis técnico.

Incluso si no lo uso, recomiendo este tipo de enfoque a las personas que son un poco más analíticas pero que desean tener el 100% de control de la situación. El trader semi-discrecional es un anillo de conjunción entre "máquina y hombre".

Se analizarán algunos datos gracias a herramientas cuantitativas, pero luego la última palabra la tiene el trader después de un análisis técnico discrecional. Es decir que todas las cargas emocionales siempre están presentes, pero en este caso se suavizan ligeramente gracias al apoyo de los análisis cuantitativos anteriores que ciertamente ofrecen una mayor seguridad.

En cuanto a la diversificación y el análisis de los distintos gráficos, los trader semi-discrecionales suelen tener una mayor diversificación gracias al uso de software o indicadores técnicos personalizados creados por los programadores.

Estos indicadores o software envían un alert (que puede ser un correo electrónico, una notificación en el teléfono o cualquier otra cosa) que alerta cuando ocurren ciertas condiciones preestablecidas por el trader.

Por ejemplo, si el trader desea recibir una notificación cuando el precio actual excede el precio máximo de ayer, el indicador se puede configurar para recibir un alert siempre que el precio actual exceda el precio máximo del día anterior. Todo muy sencillo.

Trader Algorítmico

El trader algorítmico, también llamado trader sistemático, cuantitativo o automático, es mi favorito.

Personalmente formo parte de esta "secta".

Es habitual decir que "el trading automático cancela la emotividad", precisamente porque utiliza trading system automáticos. Sin embargo, esto no es del todo cierto.

Ciertamente, hay una disminución de las presiones emocionales, porque los sistemas piensan por sí mismos en función de las condiciones preestablecidas: saben cuándo abrir, cuándo cerrar y cómo gestionar los trades en curso. Sin embargo, no por eso, el componente emocional elimina por completo: siempre habrá situaciones que desencadenarán diferentes emociones, como una gran pérdida, una drawdown o, por el contrario, una gran victoria que conduzca a la emoción y la codicia.

Por otro lado, sin embargo, el trader algorítmico ya sabe cómo manejar la situación con más control gracias a los análisis de backtests de los últimos diez años. Sabe que ciertos sistemas pueden alcanzar una cierta pérdida y luego reanudar su curso, sabe estadísticamente cuáles son las ganancias máximas y promedio, sabe cómo ajustar el tiro con un money management adecuado.

Las emociones no se eliminan por completo, pero seguramente es un enfoque mucho más frío, en el que las elecciones se hacen principalmente de antemano, en el estudio y análisis de historiales pasados y en la inserción de las condiciones de apertura, cierre y gestión del trade.

Esto implica menos emotividad: por lo tanto, es un estilo de trading menos subjetivo y, por lo tanto, se duplica y escala más fácilmente.

Otra ventaja del trading automático es, sin duda, la diversificación, es decir, poder usar 20, 30 o 50 trading automáticos simultáneamente en diferentes asset que trabajan 24 horas en total y completa sinergia.

Para darte mi ejemplo, personalmente tengo alrededor de cincuenta sistemas en la cuenta test y otras docenas y docenas de estrategias para estudiar.

Las combinaciones de estrategias son muchas, por no decir casi infinitas: basta con considerar que para el forex hay 15 buenos asset para poder estudiar. Si agregas un mínimo de 3 estrategias posibles para cada asset, ya hay 45 estrategias que pueden funcionar juntas. Y con estos ejemplos me mantuve muy bajo, considerando solo el mercado de forex o sea el mercado de divisas.

Por lo general, para ser un trader algorítmico, debes saber cómo programar o tienes que pagar cientos o incluso miles de euros para tener un trading system personalizado.

Obviamente, ser programador es una gran ventaja: y esto se debe a que, antes de decidir qué estrategia codificar definitivamente, es posible realizar test generales para evaluar cuáles son las mejores estrategias. Al contrario de aquellos que pagan a los programadores por estrategias que generalmente se estudian a través de un análisis aproximado de los gráficos de años anteriores, usando lápiz y papel, o por estrategias leídas en algunos blogs o vistas en algunos videos.

Para resolver esta situación, creé procedimientos de formación en los que puedes convertirte en un trader algorítmico incluso sin poder programar.

"El secreto para ser exitoso desde una perspectiva de trading es tener una infatigable y una eterna e inextinguible sed de información y conocimiento"

-Paul Tudor Jones-

Si, por otro lado, deseas sumergirte en la programación real, te recomiendo que para el forex sigas los cursos de programación de Serghey.

En cuanto a los otros instrumentos financieros como los Futures, si tuvieras un capital sustancial superior a € 50,000, definitivamente recomendaría a Andrea Unger, el número uno en lo que es el trading sistemático. Otros traders sistemáticos muy buenos a seguir son Luca Giusti, Stefano Serafini, Trombetta, Enrico Stucchi y muchos otros.

Algunos son mis mentores, la mayoría de ellos no los conozco personalmente y nunca hablé con ellos. Sin embargo, a diferencia de otros, no tengo problema en elogiar a los mejores profesionales en circulación: por el contrario, trato de inspirarme y mejorar cada vez más gracias a sus consejos, sus textos, sus videos y otros materiales de formación.

Como no tengo ningún problema en elogiar a quienes lo merecen, no tengo ningún problema en decir que el resto de los formadores y vendedores de falsas esperanzas juegan con las personas, prometiendo ganancias matemáticas,dinero asegurado y riqueza. Todo esto no está en mi estilo y el único consejo sincero que siento dar es alejarse de todo aquello. En los siguientes capítulos también veremos cómo ser capaces de reconocer a las personas verdaderamente preparadas en esta área, que ofrecen valor a sus clientes, y las personas que en cambio piensan solo en enriquecerse detrás de sus clientes.

Permítanme decir esto sobre la base de las experiencias vividas y sentidas en estos años: para mí, hacerle perder dinero, tiempo y salud a los muchos lectores ya sería una gran satisfacción. Esto es suficiente para mí, es suficiente para mí saber que he sido útil para alguien y que lo he dirigido en la dirección correcta, evitando situaciones desagradables.

Operación intraday y multiday

Como se mencionó anteriormente, los trader, ya sean discrecionales o sistemáticos, pueden optar por operar con diferentes horizontes temporales. Hemos visto antes que las operaciones principales son: scalper, day trading (o intraday), multiday y de position.

Nosotros estamos principalmente interesados en las operaciones intraday y multiday: esto se debe a que, por lo general, nosotros retail no tenemos herramientas tan avanzadas como para poder operar en scalping con cierta velocidad y rapidez de ejecución, ni podemos abrir un trade y esperar meses antes de cerrarlo. Si quieres probar estas dos operaciones por tu cuenta, obviamente no tengo nada que objetar.

Así que analicemos el intraday y el multiday. Elegimos principalmente estos dos porque, en perspectiva al análisis cuantitativo, hay un mayor número de casos para analizar y, por lo tanto, datos más cercanos a las expectativas.

Tomemos un ejemplo: si analizo los últimos 10 años del Euro Dólar (EurUsd), al estudiar una estrategia intraday, puedo tener miles de cosas por analizar; a diferencia de una estrategia de "posición" en la que habría muchos menos trades, en consecuencia, esto conduce a una menor previsibilidad estadística.

Intraday

Como dijimos, el intraday o day trading son todas aquellas operaciones que se abren, administran y cierran el mismo día.

Esto significa que si abro una operación Long (suponiendo un aumento de precio) a las 10:00 de la mañana, la gestionaré y normalmente cerraré dentro de las 24 horas.

Mis sistemas automáticos son principalmente intraday o cierran como máximo después de 24 / 48h: esto es porque es una operación que personalmente me gusta, me gusta ver operaciones abiertas, administradas y cerradas durante el mismo día.

Prefiero este tipo de operaciones también porque, mediante el análisis cuantitativo, es necesario estudiar estrategias en los últimos años con un buen número de trades.

Tomemos, por ejemplo, un período de tiempo de estudio de los últimos 10 años: en el caso de las estrategias de posición, hipotéticamente podría tener de 20 a 50 trades para analizar. ¿Cómo puedo saber si es una ventaja estadística real o si es pura suerte?

Otra cosa, por otro lado, es tener 1,000 / 2,000 / 3,000 trades para analizar: con un grupo de datos más grande, la estrategia y el tipo de operaciones pueden evaluarse mejor. Obviamente, nunca estarás seguro de que los estudios pasados se reflejarán de manera idéntica en el futuro, pero seguramente, sin duda y absolutamente, puedes tener análisis más verdaderos.

Pero no es suficiente tener una gran cantidad de trades para analizar: también se necesita un procedimiento hoc para evitar grandes errores de evaluación. Todas cosas que explico mejor en los cursos de formación que creé y que de los que te hablaré más adelante.

Otra ventaja de cerrar las operaciones en el día es evitar aumentos repentinos de los spread en la transición del día actual de la bolsa de valores al día siguiente, cuando hay una transferencia de liquidez que implica este aumento del spread y que corre el riesgo de afectar los eventuales StopLoss configurados, encontrando así pérdidas desagradables en la cuenta. Más adelante veremos en detalle qué se entiende por stop loss y take profit.

En cambio, una pequeña desventaja de las operaciones intraday puede representarse por el hecho de tener "costes de gestión" por día. Por costes diarios nos referimos a lo spread y a las comisiones administradas por el broker que utilizamos, pero eso también lo veremos en detalle en los próximos capítulos.

Además de esto, hay que decir que obviamente en las operaciones intraday la ganancia es "limitada".

Limitado en el sentido de que objetivamente no podemos obtener grandes ganancias de una sola transacción intraday, como podría suceder para una transacción a long term que se mantiene abierta durante meses. Esto se debe a que, por lo general, los movimientos de los precios nunca son tan grandes como para permitir grandes ganancias, a excepción de las noticias macroeconómicas que tienen un impacto significativo en el mercado y que hacen que demos grandes saltos de precios. Por ahora, sin embargo, estos son eventos bastante raros.

Multiday

Las operaciones multiday son un compromiso justo entre el comercio intraday y trading de largo plazo.

La principal ventaja de esta operación se debe principalmente al hecho de poder manejar las tendencias de varios días en el caso de que hayamos ingresado a la posición y el mercado nos esté dando la razón: esto, por lo tanto, se convierte en una mayor ganancia, sacándole todo al asset de referencia.

Todo esto también con la ayuda de técnicas como el breakeven o el trailing profit (herramientas de gestión del trade en curso), que permiten colocar la operación en una caja fuerte, estableciendo un nivel mínimo de ganancias.

Pero ten cuidado: recomiendo cerrar las operaciones el viernes por la noche, antes de que cierre el mercado. Esto porque el lunes, cuando se vuelven a abrir las sesiones de trading, podemos encontrarnos con amplios gap de mercado y spread muy altos, lo que también puede conducir a cierres prematuros de las operaciones causados por la activación del stop loss. En resumen, podríamos encontrarnos con pérdidas desagradables.

Al final de este párrafo dedicado a las diversas operaciones, ciertamente puedo decir que ninguna excluye a la otra y que para una buena diversificación se puede utilizar todo, excepto el scalping.

Con un análisis a largo plazo, las estrategias de posición se pueden incluir en la plantilla: si, por ejemplo, crees que Amazon crecerá en los próximos años, dedica una parte del capital a esto, espera un retroceso de los precios y las compras suponiendo un aumento.

Mientras que para las operaciones intraday y de multiday puedes usar trading system, tanto en la fase de análisis como para las operaciones live. Obviamente solo después de estudios apropiados, con la metodología correcta y las herramientas válidas.

Me dijeron que comprara esas acciones para mi vejez. Funcionó maravillosamente. En una semana, me hice viejo.

-Gerald Cantor-

Resumen del capítulo 1:

- **Qué es el trading online**
- **Trader discrecionales**
- **Trader semi-discrecionales**
- **Trader algorítmicos**
- **Scalping**
- **Day trading**
- **Multiday trading**
- **Trading de posición**
- **Análisis fundamental**
- **Análisis técnico**
- **Análisis cuantitativo**

Notas:

Capítulo 2: Qué es el Forex

*El secreto del éxito en Forex Trading es tener hambre de
información y conocimiento.*

-Paul Tudor Jones-

Qué es el Forex

El Forex, acrónimo de Foreign Exchange Market, también se llama mercado de divisas o FX.

Es el mercado financiero más grande del mundo: Forex incluye todos los intercambios que tienen lugar entre los principales protagonistas, como bancos centrales, grandes instituciones bancarias, compañías multinacionales, especuladores retail como nosotros, varias instituciones financieras y gobiernos.

El mercado Forex no tiene una ubicación física, a diferencia del mercado accionario, de las commodity y de los futuros que en cambio tienen una ubicación específica dentro de una determinada bolsa. Esto etiqueta al Forex como un mercado OTC, es decir, over the counter: esto significa que las transacciones se realizan solo electrónicamente a través de intermediarios internacionales autorizados.

El Forex es en absoluto el mercado más líquido entre todos los existentes. Las transacciones diarias son de alrededor de $ 5,000 mil millones.

La gran ventaja de esta liquidez es que casi siempre podemos tener una contraparte dispuesta a comprar / vender, con una rapidez de ejecución inigualable.

Es un mercado global abierto las 24 horas del día, cinco días a la semana, gracias a las diversas zonas horarias mundiales que permiten una alta volatilidad y liquidez.

Los momentos con mayor liquidez e intercambios son aquellos en los que se superponen dos sesiones: de 14:00 a 18:00 con la superposición de los mercados de Londres y Nueva York, y de 1:00 a 8:00 con la superposición de los mercados. de Sydney y Tokio.

Las monedas más intercambiadas

Vayamos a ver la clasificación (no del fútbol de la Serie A, sino de las monedas más intercambiadas).

En primer lugar, tenemos el Dólar, que representa alrededor del 86% de todos los intercambios, en segundo lugar, el Euro, con un importante 37%, sigue al Yen japonés en tercer lugar con un tímido 17%, luego está el Libra con el 15% seguida por el Franco suizo con alrededor del 7%.

Luego están todas las otras monedas con porcentajes más bajos, como el Dólar australiano, el Dólar canadiense, la Corona sueca, el Dólar de Hong Kong, la Corona noruega, el Dólar de Nueva Zelanda y para finalizar el Peso mexicano en el puesto 12.

Las monedas más intercambiadas			
Rank	Moneda	Símbolo	Daily share
1	United States dollar	USD $	86.3 %

2	Euro	EUR €	37.0 %
3	Yen japonés	JPY ¥	17.0 %
4	Libra	GBP £	15.0 %
5	Franco Suizo	CHF Fr	6.8 %
6	Dólar Australiano	AUD $	6.7 %
7	Dólar Canadiense	CAD $	4.2 %
8	Corona Sueca	SEK Kr	2.8 %
9	Dólar de Hong Kong	HKD $	2.8 %
10	Corona Noruega	NOK Kr	2.2 %
11	Dólar Nueva Zelanda	NZD $	1.9 %
12	Peso Mexicano	MXN $	1.3 %

Pares de divisas

En el Forex, el valor de una moneda es relevante solo en comparación con otra: por esta razón hablamos de pares de divisas.

Un par de divisas es la cotización del valor relativo de una moneda frente a otra en el mercado Forex.

La moneda que se usa como referencia se llama moneda base; la moneda que figura cotizada, en comparación con la moneda base, se denomina "cotizada" o "secundaria".

En el caso del par Euro/Dólar, escrito Eur/Usd, la moneda de la izquierda es la moneda Base, por lo que en este caso el Euro, y la moneda cotizada, se encuentra a la derecha, en este ejemplo el Dólar.

Entonces, el precio de la cotización EUR/USD nos muestra cuántas unidades de la moneda cotizada se necesitan para comprar una unidad de moneda base.

Tomemos un ejemplo rápido:

muy simple, si el precio actual del Eur/Usd es 1.10897 significa que € 1 corresponde a $ 1.10897.

El término **Long** o **Buy** indica la compra de un par de divisas en las que planteamos la hipótesis de un aumento de los precios, enfocándonos así en el aumento del valor de la moneda base y, por consiguiente, en un debilitamiento de la moneda cotizada.

Con el término **Short** o **Sell**, nos referimos a la venta de un par de divisas, en el que asumimos una caída en los precios, por lo tanto, esperamos una caída en la moneda base.

Tomemos, por ejemplo, siempre el Euro/Dólar, en el caso de que el precio de cotización actual sea 1.10. Esto significa que € 1 equivale a $ 1.10.

Si en este punto abrimos una operación de Buy, y el precio de 1.10 luego sube a 1.20, significa que en este punto € 1 es igual a $ 1.20 por lo tanto, el valor del Euro en comparación con el Dólar ha aumentado: se necesitan más dólares para tener € 1 y, en consecuencia, estamos en ganancias porque acabamos de abrir una operación en alza, llamada Buy o Long.

Por el contrario, siempre asumiendo la cotización de 1.10 como el precio inicial actual, decidimos abrir una operación de Sell: por lo tanto, con el objetivo de una caída en los precios, una devaluación de la moneda base, ganaremos si el precio cae desde 1.10 hacia abajo.

Por lo tanto, si posteriormente el precio cae a 1.05, obtendremos ganancias, mientras que, por el contrario, si el precio se eleva por encima del umbral de 1.10 (por ejemplo, en 1.15) tenemos una operación de Sell en progreso y estaremos en pérdida.

Más adelante veremos cómo se calculan las ganancias en función de los movimientos de los precios.

Mientras tanto, hemos entendido que la relación entre dos monedas se llama par de divisas. Estos pares se pueden dividir en 3 macro-categorías:

Pares Mayores (o llamadas Major).

Parejas Menores(o Cross).

Exóticas.

Pares Mayores:

Los Major o pares mayores son todos aquellos pares de divisas principales que contienen el Dólar estadounidense como moneda base o como moneda cotizada.

Estos pares generan la mayor actividad de trading en el mercado de divisas. Las características principales de estos pares mayores son: mayor liquidez y spread más bajos.

El par mayor más intercambiado es en absoluto el Euro/Dólar con el 28% de las transacciones totales, seguido inmediatamente por el par Dólar/Yen con el 14%.

Los pares mayores son 7 en total:

EUR/USD → euro/dólar

USD/JPY → dólar/yen

GBP/USD → libra/dólar

USD/CAD → dólar/dólar canadiense

USD/CHF → dólar/franco suizo

AUD/USD → dólar australiano/dólar

NZD/USD → dólar nueva zelanda/dólar

Pares Menores:

Los pares menores, también llamados cross de divisas, son todos esos pares de divisas que no contienen el dólar estadounidense.

A continuación el listado de los pares menores mayores:

EUR/GBP → (euro/libra)

EUR/CAD → (euro/dólar canadiense)

EUR/JPY → (euro/yen japonés)

EUR/AUD → (euro/dólar australiano)

EUR/CHF → (euro/franco suizo)

GBP/CHF → (libra/franco suizo)

GBP/JPY → (libra/yen japonés)

NZD/JPY → (dólar nueva zelanda/yen japonés)

AUD/JPY → (dólar australiano/yen japonés)

CAD/JPY → (dólar canadiense/yen japonés)

AUD/CAD → (dólar australiano/dólar canadiense)

Pares exóticos:

Los pares de divisas exóticos son todos aquellos en los que el dólar está presente combinado con otras monedas internacionales que, sin embargo, no se encuentran entre los 7 más grandes. Estos pares son mucho menos negociados: tienen poca liquidez y, en consecuencia, implican un spread alto.

USD/HKD → (dólar estadounidense / dólar de Hong Kong)

USD/SGD → (dólar estadounidense / dólar de Singapur)

USD/THB → (dólar estadounidense /baht tailandés).

USD/MXN → (dólar estadounidense /peso mexicano).

USD/ZAR → (dólar estadounidense /rand sudafricano).

USD/DKK → (dólar estadounidense /corona danesa).

USD/NOK → (dólar estadounidense /corona noruega)

USD/SEK → (dólar estadounidense /corona suecia)

Etc.

Historia del Forex:

Si hemos estudiado un mínimo de historia, sabemos que en la antigüedad la economía se regía por el trueque: un intercambio de bienes o un servicio a cambio de otra cosa.

Durante varios siglos, esta forma de intercambio comercial ha sido la única disponible. Sin embargo, esto dificultaba mucho el ahorro, ya que solo se trataba de intercambios directos de bienes o servicios.

Aquí es donde entra el dinero.

La primera forma de moneda nació de los primeros reyes mesopotámicos, que tenían que poner su sello en barras de metal para garantizar su peso y calidad.

La moneda, como la consideramos hoy, puede datarse alrededor del siglo VII a.C.

Los metales preciosos vinculados con otros metales más pobres se usaron para acuñar estas monedas.

El comercio internacional se realizaba en función del tipo de moneda, es decir, la cantidad de oro presente y su peso.

Pasando a la antigua Roma, las monedas utilizadas fueron sestertium y solidus.

Pero es en la Edad Media que empieza a tomar forma lo que hoy llamamos Forex: en aquellos tiempos, de hecho, las monedas comenzaron a intercambiarse a través de bancos internacionales. Este sistema ayudaba a las potencias europeas a difundir el comercio de divisas en Oriente Medio y en todo el viejo continente.

Sin embargo, fue en 1875 que tuvo lugar el evento más importante en la historia del trading de divisas: de hecho, en esta fecha nació el sistema monetario llamado patrón oro. Antes de eso, varios países usaban oro y plata como medio de intercambio para pagos internacionales.

En cambio, el patrón oro representaba el sistema monetario en el que cada gobierno de cada país permitía que su moneda se convirtiera libremente en una cierta cantidad de oro y viceversa. Este sistema se usó hasta alrededor de 1915.

En 1944, con los acuerdos de *Bretton Woods*, las principales monedas mundiales acordaron crear un sistema monetario estable basado en el dólar. Este sistema preveía que el dólar era la moneda principal para los intercambios monetarios mundiales, mientras que las otras monedas habrían tenido la oportunidad de oscilar de forma controlada en torno al valor de la paridad con el dólar.

De esta manera, los intercambios comerciales estaban bastante garantizados por el riesgo de tipo de cambio, incluso si los inversores del mercado de divisas no tenían una gran posibilidad de obtener ganancias, ya que los tipos de cambio podrían fluctuar muy poco alrededor del valor inicialmente establecido.

Posteriormente, sin embargo, la situación empeoró cuando Estados Unidos comenzó a imprimir dólares en grandes cantidades para financiar la Guerra de Vietnam.

El Forex muy similar al que conocemos hoy puede remontarse al 1971, cuando el acuerdo de Bretton Woods colapsó y comenzaron a aparecer tipos de cambio flotantes.

A partir de 1973, las monedas de las naciones más industrializadas fluctuaron más libremente, impulsadas principalmente por las fuerzas de la oferta y la demanda.

Los precios eran formados de volúmenes, velocidades y la volatilidad durante la década de los años 70. Esto condujo a la aparición de nuevos instrumentos financieros, desregulación del mercado y libre comercio. También condujo a un aumento del poder de los especuladores.

En la década de los años 80, la llegada de los ordenadores aceleró los movimientos internacionales de capitales y el mercado se hizo más continuo, con intercambios entre los continentes asiático, europeo y americano y sus relativas zonas horarias. Las grandes instituciones bancarias crearon salas de operaciones donde se intercambiaron cientos de millones de dólares, libras y yenes en pocos minutos. Los broker de hoy operan diariamente en el Forex utilizando herramientas electrónicas: como por ejemplo en Londres, donde los intercambios individuales por decenas de millones de dólares se concluyen actualmente en pocos segundos. El mercado ha cambiado significativamente hoy, ya que la mayoría de las transacciones financieras tienen como objetivo no comprar o vender bienes, sino especular sobre el mercado.

Londres se ha establecido como el principal centro financiero mundial: y esto no solo se debe a su posicionamiento, que le permite operar durante la apertura de los mercados asiático y estadounidense, sino también a la creación del mercado de eurodólares.

El mercado del eurodólar se creó durante la década de los años 50 cuando los ingresos que la URSS derivaban de la venta de petróleo, todos denominados en dólares, se depositaron fuera de los Estados Unidos por temor a que pudieran ser bloqueados por las autoridades estadounidenses. Esta práctica hizo que una gran cantidad de dólares estadounidenses estaba fuera del control de los Estados Unidos. Estas vastas reservas de liquidez fueron muy atractivas para los inversores de todo el mundo, ya que estaban sujetas a una regulación mucho menos perspicaz y ofrecían una mayor rentabilidad.

Hoy en día, Londres continúa creciendo: los volúmenes intercambiados en estos mercados son enormes y los bancos más pequeños, los hedgers comerciales y los pequeños inversores raras vez tienen acceso directo a este mercado líquido y competitivo. Sea porque no cumplen con los requisitos de crédito necesarios, sea porque el tamaño de sus transacciones es demasiado limitado. De todas formas, hoy los market maker pueden desglosar sus grandes unidades inter-bank y ofrecer a los pequeños operadores la oportunidad de comprar y vender cualquier cantidad de estas unidades más pequeñas, o sea lotes, de los que que discutiremos más adelante.

Los protagonistas del Forex

Los principales actores del mercado de divisas que afectan su propio rumbo son, sobre todo, los grandes bancos de negocios, bancos centrales, fondos de inversión, grandes multinacionales, los Hedge Fund, trader privados retail.

Bancos de negocios: están conectados entre sí a través de servicios telemáticos y compran principalmente para cubrir necesidades y especulación. Estos bancos representan más del 50% del volumen de todos los intercambios mundiales y operan con spreads muy ventajosos. Se estima que alrededor del 70% de sus ganancias totales de trading provienen del Forex.

Bancos centrales: intervienen en el mercado de divisas principalmente por razones de política monetaria.

Fondos de inversión: operan en el Forex para diversificar sus inversiones o cubrir su riesgo de tipo de cambio.

Grandes multinacionales: especialmente aquellas que operan fuera de su propio país y compran productos en una moneda para venderlos en otra moneda. Invierten en el mercado Forex para limitar o cancelar el riesgo de tipo de cambio.

Hedge Funds: operan en este mercado por razones puramente especulativas, realizan transacciones a muy corto plazo con un capital enorme y aprovechan las altas palancas financieras.

Trader privados: somos aproximadamente el 10% de los trader retail que operan con fines puramente especulativos, obviamente con tratamientos "desventajosos" en términos de spread y comisiones, en comparación con todos los demás protagonistas institucionales.

Broker Forex

Ahora veamos qué necesitamos nosotros, los trader retail simples para operar en este enorme mercado.

Primero necesitamos un Broker.

Pero, ¿qué es un Broker?

El Broker no es más que un intermediario que nos permite acceder a los mercados financieros. Es un anillo de conjunción entre nosotros los trader privados y el gigantesco mercado de divisas reales.

La tarea del broker generalmente es permitirnos ejecutar órdenes a alta velocidad e incluso con un capital mínimo, gracias al apalancamiento financiero que veremos más adelante.

Existen principalmente dos tipos de Broker:

- Broker Dealing Desk, como los Broker Market Maker (MM).
- Broker no dealing desk, como STP y ECN.

Broker Market Maker

Los broker market maker, etiquetados como broker que "hacen el mercado", generalmente ofrecen spread ligeramente más altos pero comisiones más bajas. Siempre actúan como una contraparte directa para los trader, que no tratan directamente con proveedores de liquidez: digamos que permiten hacer trading en un submercado que sigue la tendencia del mercado real.

Los Market Maker ganan del spread en cada transacción y mucha de nuestras pérdidas: obviamente, por lo tanto, existe un conflicto de intereses, incluso si en% las personas que ganan son mucho menos que las personas que pierden.

Broker STP o ECN

Son broker No dealing desk , su característica principal es que no actúan como una contraparte directa del trader como en el caso de los market maker, sino que permiten el acceso al mercado interbancario global simplemente enviando nuestros pedidos. Mantienen el anonimato para nuestras transacciones y, dado que nos permiten acceder al mercado interbancario, tenemos spread más bajos. Sin embargo, el brokertoma una comisión por cada transacción.

No existe una respuesta definitiva sobre cuál es el mejor de los dos tipos de intermediario: lo importante es que sea un intermediario serio y confiable, con las mejores condiciones de trading posibles.

Entonces, veamos cómo reconocer a un broker que para poderlo utilizar para dar los primeros pasos en el mundo del Forex trading.

En primer lugar, cuando buscamos un broker, evitamos a los nacidos recientemente y con regulaciones a saber donde o en una isla que ni siquiera conocemos.

Es por eso que verificamos bien la regulación y optamos por aquellos broker regulados por al menos una de estas entidades principales: Consob, ASIC o FCA.

Los organismos reguladores llevan a cabo actividades de protección de los inversores, tienen poderes regulatorios, de autorización, control, supervisión y sanciones. Es decir, están de nuestro lado.

Hay varios válidos, pero para acelerar la búsqueda, te recomiendo directamente un broker al que puedas suscribirte.

Al acceder a este enlace →

www.alessioaloisi.com/icmarkets

Podrás suscribirte a IcMarkets: es un broker australiano histórico, regulado por el ASIC, que ofrece condiciones de trading muy ventajosas.

Es muy fácil registrarse y acceder a una cuenta demo de prueba: personalmente, recomiendo una cuenta "estándar".

Riepilogo del capitolo 2:

- **Qué es el Forex**
- **Las monedas más intercambiadas**
- **Pares de divisas**
- **Historia del Forex**
- **Protagonistas del Forex**
- **Broker Forex**

Notas:

Capítulo 3: Términos operativos del Forex

Si vuestra autoestima aumenta o disminuye dependiendo de los resultados del Trading, tanto vosotros como Trading están en dificultad.

-Ruth Barrons Roosevelt-

Términos importantes

Antes de entrar en la parte práctica del libro, echemos un vistazo a esas terminologías básicas esenciales: ya he mencionado algunas de ellas anteriormente, ahora las explicaré en detalle.

Long/Buy:

Significa comprar: abrimos una operación de Buy cuando predecimos que el precio va a subir.

Short/Sell:

Significa que vamos a realizar una operación de venta. Abrimos un trade sell cuando esperamos que el precio baje.

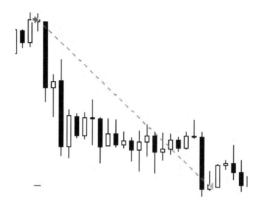

Ask:

Se refiere al precio al que es posible comprar: cuando abrimos una operación Long, abrimos al precio disponible Ask.

Bid:

Es el contrario de Ask. Se refiere al precio al que es posible vender: cuando abrimos una operación Short, abrimos el precio disponible Bid.

Tomemos un ejemplo. Si el precio actual de un asset es 1.10, el broker pone a disposición de aquellos que desean comprar el precio ask, hipotéticamente igual a 1.11, mientras que para aquellos que desean venderlo, el precio de oferta está disponible en 1.09.

Esta diferencia entre Ask y Bid es el **Spread**: en este caso, el spread es 0.02, porque 1.11-1.09 = 0.02.

Advertencia: las velas que vemos en los gráficos suelen ser el resultado del precio Bid.

Spread:

Como ya se ve en el ejemplo, el Spread es la diferencia entre Ask y Bid. Es muy importante conocer el Spread, ya que puede marcar la diferencia entre un trading exitoso y un trading perdedor.

Simbolo	BID Offerta	ASK Richiesta	Spread !
◈ EURUSD	1.10378	1.10386	8
◈ AUDCAD	0.89373	0.89389	16
◈ AUDCHF	0.66547	0.66572	25
◈ AUDJPY	71.551	71.566	15
◈ AUDNZD	1.05660	1.05607	20

Stop Loss:

Es un nivel de precio máximo en el que decidimos cerrar una transacción. Cuando abrimos una orden al mercado, podemos ingresar el Stop Loss a un precio determinado, de modo que si el precio toca ese nivel de precios, la operación se cerrará inmediatamente.

El Stop Loss es modificable: podemos moverlo tantas veces como queramos mientras la operación está en curso.

Esto se usa principalmente para limitar la pérdida de cada transacción individual, pero también para salvaguardar las ganancias en caso de que el precio vaya en la dirección esperada.

El Stop Loss, por lo tanto, puede limitar las pérdidas y salvaguardar las ganancias. Puede cerrar operaciones negativas y positivas.

Ejemplo de Operación Buy, cerrada en el stop loss:

Take Profit:

Es un nivel de precio máximo en el que decidimos cerrar una transacción en caso de un resultado positivo. A diferencia de Stop Loss, Take Profit solo cierra las operaciones de ganancias: es una especie de límite máximo de ganancias.

Take Profit es editable: podemos moverlo tantas veces como queramos mientras la operación está en curso.

Por lo tanto, Take Profit cierra la operación actual una vez que se alcanza el nivel de precio preestablecido.

En el caso de una operación Buy, el Take Profit siempre debe ser mayor que el precio actual; en el caso de una operación de Sell, por otro lado, el Take Profit siempre debe ser inferior al precio actual.

Ejemplo de operación Sell, cerrada en Take Profit:

CFD:

Acrónimo en inglés de Contract for Difference, o contratos por diferencia.

Son un instrumento financiero que le permite negociar índices, monedas y commodity sin poseer el asset en sí. En resumen, tu ganancia o pérdida está dada por la diferencia entre el precio de apertura y el precio de cierre de la operación.

Utilizaremos esta herramienta porque es práctica y accesible para todos.

Futures:

Es una herramienta que no usaremos. Sin embargo, para explicar brevemente, representan contratos a plazo estandarizados para ser negociados fácilmente en una bolsa de valores y sancionan el compromiso de una compra diferida a un precio fijo.

Apalancamiento financiero:

Con los contratos de **CFD** que utilizamos podemos utilizar el apalancamiento financiero, que sin embargo representa una espada de doble filo.

El apalancamiento financiero, en pocas palabras, permite literalmente hacer "palanca" tu propio capital y mover más volumen con respecto al básico que podemos usar.

Para comprender mejor este paso, necesitamos profundizar en cómo medir las transacciones.

Para el mercado se utilizan **lotes**, que es el tamaño mínimo negociable de los mercados financieros. Un lote se refiere a una clase de asset o instrumentos financieros, pero su significado y uso específicos varían de un mercado a otro. En nuestro caso, para el Forex tenemos 3 tipos de lotes principales:

- Lote estándar

- Mini lotes
- Micro lotes

Micro lote:

El valor nominal de 1 micro lote (0.01) es de $ 1,000: esto significa que sin ningún apalancamiento podemos abrir un trade solo si tenemos $ 1,000 disponibles en la cuenta.

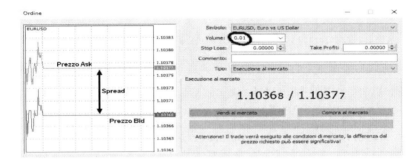

Mini lote:

El valor nominal de 1 mini lote (0,10) es de $ 10,000: esto significa que sin apalancamiento para abrir un trade de 1 mini loet (0,10) deberíamos tener $ 10,000 disponibles.

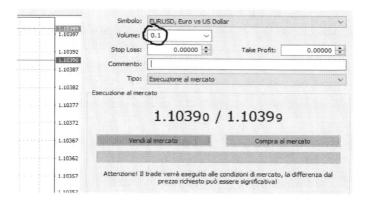

Lote Estándar:

El valor nominal de 1 lote (1.0) es $ 100,000: esto significa que sin ningún apalancamiento para abrir un trade de 1 lote deberíamos tener $ 100,000 disponibles en la cuenta, en el caso de 2 lotes $ 200,000 y así sucesivamente.

Aquí es donde entra en juego el apalancamiento financiero: en primer lugar, hay diferentes tipos de palancas, que pueden variar según el broker. Por lo general, se pasa de palanca 1:10, 1:25, 1:50, 1: 100, 1: 500.

La palanca permite aumentar el volumen de intercambio potencial.

Tomemos un ejemplo: en caso de que tuviera un efectivo de $ 500 y una palanca de 1:50, podrías mover un volumen igual a $ 500 (capital) x 50 (palanca) = $ 25,000. En este caso, puedes abrir una transacción máxima de 0.25 lotes o 2.5 mini lotes.

Tomemos otro ejemplo: con un efectivo de $ 1,000 y un apalancamiento de 1:30, podrías mover un máximo de $ 30,000 y abrir hasta un máximo de 0.3 lotes, es decir, 3 mini lotes.

Entonces, ¿por qué un apalancamiento financiero representa una espada de doble filo? Porque si es cierto que permite mover más dinero, lo hace tanto en el caso de un resultado positivo como en el de un resultado negativo: para esto necesitas un money management granítico.

Los que operan desde Europa están actualmente sujetos a MIFID: es una directiva europea sobre servicios financieros en la que las opciones binarias han sido prohibidas y en el que el apalancamiento financiero ha sido limitado en lo que son los CFD. Y esto se debe a todos los anuncios engañosos y a las muchas personas que han invertido perdiendo sus ahorros.

Sin embargo, a nosotros no nos cambia mucho, porque siempre gestionamos un control de riesgos.

De todas formas, los apalancamientos concedidos en la actualidad son los siguientes:

Forex: Palanca <= 30:1

Materias primas e índices: Palanca <= 20:1

Acciones: Palanca<= 5:1

Criptomoneda: Palanca<= 2:1

Money Management:

Es gestión del riesgo: en sustancia, cómo decidimos invertir y salvaguardar nuestro capital.

Hablaremos mejor sobre esto más adelante, porque es un tema muy importante.

Margen:

El margen es una especie de depósito de garantía para el broker, o sea la cantidad de dinero necesaria para continuar a hacer trading.

Margin Call:

Permite evitar sorpresas desagradables en caso de eventos extraordinarios o sobreexposición de riesgos.

Implica el cierre automático de una o más transacciones en la cuenta para evitar que nuestro saldo sea inferior a 0.

Pip:

Es la variación mínima del precio para el mercado del Forex.

En pares de divisas lo encontramos en el 4º decimal, mientras que para los pares con el yen está en el 2º decimal.

Por ejemplo, cuando se dice que "el EuroDolar, desde 1.1020, ha aumentado de 20 pips", significa que ha alcanzado 1.1040.

El Pip se usa para calcular las ganancias y pérdidas de las operaciones, obviamente también en base a lotes abiertos.

No tiene un valor absoluto, pero varía según los pares de divisas de referencia y los lotes que vamos a utilizar.

Por lo tanto, el Pip se puede calcular con esta fórmula.

Pip = Valor decimal (0.0001 para pares de divisas, 0.01 para pares con el Yen) multiplicado por el valor nominal de los lotes utilizados, todo dividido por el precio actual.

Tomemos el ejemplo con nuestro querido EuroDolar.

El precio actual es 1.19924: queremos abrir 1 lote, ¿cuánto vale 1 pip en este momento?

$$1 \text{ Pip} = \frac{0.0001 \times 100.000 \text{ \$ (valor nominal del lote)}}{1.19924} = 8.33 \text{ \$}$$

En este ejemplo, si abrimos una operación de Buy y desde 1.9924 el precio sube 20 pips a 1.9944, nuestra ganancia sería de 20 pips x 8.33 $ (valor de pips) = 166.6 $ de ganancia.

Para simplificar, podemos decir que, en principio:

- Apertura de operaciones de 1 lote (1.00) el valor de 1 pip es de aproximadamente $ 10

- Apertura de operaciones de 1 mini lote (0,10), el valor de 1 pip es de aproximadamente $ 1

- Al abrir operaciones de 1 micro lote (0.01), el valor de 1 pip es aproximadamente $ 0.10.

Metatrader:

El metatrader es la plataforma gratuita que descargamos del broker y que nos permite hacer trading, analizar los gráficos, realizar backtests y abrir y cerrar trades.

Actualmente utilizamos principalmente el metatrader 4 (MT4).

En Ic Markets y otros broker, generalmente puedes descargarlo en la sección "download".

Time Frame:

El Time Frame es el marco de tiempo, osea la configuración de tiempo, que elegimos para mostrar un gráfico.

Los time frame que encontramos en mt4 son 1 min, 5 min, 15 min, 30 min, 1 hora, 4 horas, 1 día (D1), 1 semana (W1), 1 mes (MN).

Existen varios tipos de gráficos para analizar los mercados, pero los más utilizados son los de *velas*. Las velas se dividen según un time frame seleccionado: por ejemplo, al seleccionar un time frame m15, se forma una nueva vela cada 15 minutos; de lo contrario, si seleccionamos un time frame h4, se forma una vela nueva cada 4 horas.

Ejemplo de un gráfico de velas (velas negras en alza, velas blancas bajistas):

En estos gráficos a velas tenemos 4 niveles de precios claramente resaltados. El ejemplo es para un Time Frame de 15 minutos, pero estos niveles de precios son escalables en proporción para todos los time frame.

Precio de apertura: el precio inicial de la vela.

Precio de cierre: el precio de cuando se cierra la vela. Si la vela está en m15, significa que el precio de cierre será el del minuto 14 y el 59.

Precio máximo: o sea, el nivel de precio máximo alcanzado en 15 minutos.

Precio mínimo: o sea, el nivel de precio mínimo alcanzado en 15 minutos.

Ejemplo de Vela bajista y en alza:

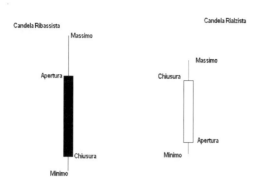

Si el precio de cierre de la vela está por encima del precio de apertura de la vela, generalmente veremos una vela verde: una vela alcista.

Por el contrario, si el precio de cierre de la vela está por debajo del precio de apertura, generalmente veremos una vela roja: una vela bajista.

Swap/rollover:

El rollover es el interés que se debe pagar o cobrar por el mantenimiento de las operaciones overnight para operaciones multiday.

Si la tasa de interés de la moneda que compras es mayor que la tasa de interés de la moneda que vendes, entonces tendrás un crédito (rollo positivo), mientras que si la tasa de interés de la moneda que compras es menor que la tasa de interés de la moneda que vendes, entonces tendrás una deuda (rollo negativo).

Tipos de órdenes:

Para abrir operaciones de mercado, podemos utilizar principalmente dos tipos de órdenes.

Órdenes de mercado (market order): son órdenes ejecutadas instantáneamente al precio actual disponible. Precio Ask para los Buy, precio Bid para los Sell.

Órdenes pendientes: son órdenes preestablecidas, que se activan solo si se cumplen ciertas condiciones establecidas por trader. Las órdenes pendientes se pueden dividir en Órdenes Limit y Órdenes Stop.

Órdenes Limit: Puedes optar por una orden pendiente Limit si supones una inversión del precio. Ejemplo: si el precio actual es 1.10 y está subiendo, puedes establecer una orden pendiente en el nivel 1.20 y "decirle" al broker que abra una operación de Sel cuando y si el precio tocara ese nivel. Por el contrario, si el precio actual es 1.10 y está cayendo, puedes establecer una orden pendiente en el nivel 1.05 y "decirle" al broker que abra una operación de Buy cuando y si el precio tocara ese nivel.

Se pueden establecer órdenes **Sell Limit** o **Buy Limit** : las órdenes Sell Limit siempre se establecen por encima del nivel de precio actual, mientras que las órdenes de Buy Limit siempre se establecen por debajo del nivel de precio actual.

Órdenes Stop: puedes optar por una orden pendiente Stop si supone que el precio continúa yendo en esa dirección. Ejemplo: si el precio actual es 1.10 y está subiendo, puedes establecer una orden pendiente en el nivel 1.20 y "decirle" al broker que abra una operación Buy esta vez cuando y si el precio tocara ese nivel. Por lo contrario, si el precio actual es 1.10 y está cayendo, puede establecer una orden pendiente en el nivel 1.05 y "decirle" al broker que abra una operación de Sell cuando y si el precio tocara ese nivel.

Las órdenes de **Sell Stop** o **Buy Stop** se pueden configurar: las órdenes de Sell Stop siempre se establecen por debajo del nivel de precio actual, mientras que las órdenes de Buy Stop siempre se establecen por encima del nivel de precio actual.

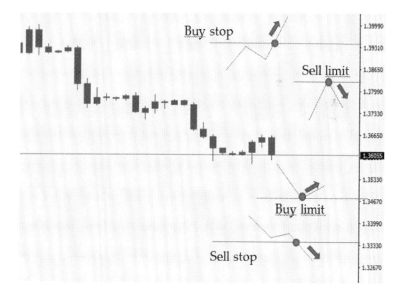

Términos técnicos:

Ahora veamos en detalle algunos términos más técnicos que se utilizan para estudiar/analizar los gráficos y las estrategias operativas.

Indicadores:

Los indicadores técnicos son herramientas estadísticas que se utilizan para el análisis, para interpretar más fácilmente los movimientos de los mercados. Estas herramientas, resultado de cálculos matemáticos, se trazan en los gráficos para tener una visión mucho más clara de lo que está sucediendo en el mercado. Pueden ser indicadores que se sobreponen con los precios o pueden tener una ventana separada: hay miles de ellos y los trader también pueden encargar a los programadores para que creen indicadores personalizados.

Los indicadores se pueden dividir en macro categorías generales. Estos son los principales:

Indicadores de Trend:

Todas aquellas herramientas que facilitan la identificación de la tendencia general del mercado. Si nos encontramos en un trend lateral, alcista o bajista, el indicador más simple y más utilizado es el Media Mobile, que realiza un promedio simple de los precios de cierre de las últimas X velas y dibuja una línea sobre el gráfico que ayuda visualmente para identificar en qué etapa nos encontramos.

Ejemplo de media mobile calculado durante 30 períodos (velas):

13 May 2019   23 May 2019   4 Jun 2019   14 Jun 2019   26 Jun 2019   8 Jul 2019   18 Jul 2019   30 Jul 2019   9 Aug 2019   21 Aug 2019

Osciladores:

Los osciladores se usan ampliamente, especialmente para tratar de anticipar las reversiones del mercado.

Un oscilador muy utilizado es el RSI (Relative Strenght Index), indicador de fuerza relativa: la tarea de este indicador es representar la fuerza o debilidad de un asset.

La línea de este indicador es el resultado de un cálculo basado en X velas, que se puede configurar como se desee.

Oscilador porque "oscila" dentro de un range de 0 a 100. Cuando el indicador está más cerca de 100, se dice que está en el área de hiper comprado: significa que ha habido un fuerte trend progresivo al alza; por lo contrario, si está más cerca de 0, se dice que está en el área de hiper vendido: significa que ha habido un fuerte trend progresivo a la baja.

Indicadores de volumen:

¡Atención! ¡Nosotros los simples trader retail no podemos conocer los volúmenes reales del Forex!

Los instrumentos que a menudo se pasan como "indicadores de volumen" no son más que contadores de "tick" para cada vela, dato que a nosotros no nos interesan. Así que no escuches a los que hablan sobre los volúmenes del Forex para cfd, etc. ¡Hay muchos que hablan sin siquiera saber lo que dicen!

Indicadores de volubilidad:

Cuando hablamos de volatilidad, nos referimos al movimiento rápido del precio en cualquier dirección, tanto hacia arriba como hacia abajo: y esto en un corto período de tiempo. Por lo contrario, la baja volatilidad implica que el precio se mueve lentamente en un range limitado de espacio.

Por ejemplo, podemos encontrar una alta volatilidad para noticias macroeconómicas importantes. Por el contrario, se puede encontrar baja volatilidad en momentos en que hay pocos intercambios.

Un indicador típico para el seguimiento de la volatilidad es el ATR (Average True Range): un aumento en el ATR significa un aumento en la volatilidad, mientras que una disminución en el ATR significa una disminución en la volatilidad.

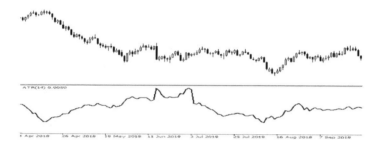

Niveles de precios:

Como mencionamos anteriormente, en una vela podemos identificar niveles de precios máximos, mínimos, de apertura y cierre. Pero cuando hablamos de máximos y mínimos también podemos referirnos a un conjunto de velas o de un range temporal. Por lo tanto, es bueno especificar siempre de qué máximos y mínimos estamos hablando.

Por ejemplo: si queremos saber el máximo de las últimas 20 velas, abrimos el gráfico, buscamos visualmente el máximo más alto y pasamos sobre él con el cursor para saber qué precio corresponde exactamente. Lo mismo, pero

al revés, para saber el mínimo de X velas, que pueden ser
10, 20, 50 o 100.

Estos niveles máximos y mínimos relativos se utilizan sobre
todo para aquellos que usan un análisis técnico, con
soportes, resistencias, trendlines alcistas y bajistas.

Soportes: Un soporte no es más que una línea recta
horizontal dibujada en el gráfico que une varios mínimos
relativos de precios.

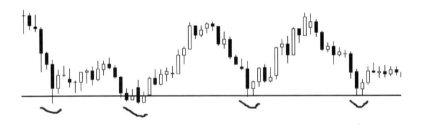

Resistencias: Una resistencia es una línea recta horizontal
dibujada en el gráfico que une varios máximos relativos de
precios.

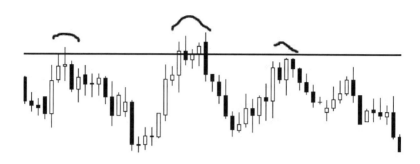

Los soportes y las resistencias juntas forman una especie de canal horizontal que contiene precios. Son útiles para un análisis técnico y para tener una visión del range en el que el precio se ha movido en las últimas X velas. Se utilizan principalmente en una situación de trend lateral del mercado.

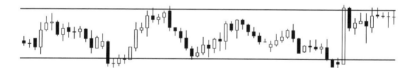

Trendline alcista: Aquí también estamos hablando de una línea recta, que une los mínimos relativos de los precios. Por lo general, se usa cuando hay un trend al alza: en este caso, por lo tanto, no será horizontal sino inclinado hacia arriba.

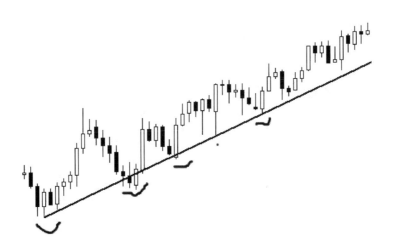

Trendline bajista: también es una línea recta, que une a los máximos relativos de los precios. Por lo general, se usa cuando hay un trend a la baja: en este caso, por lo tanto, se inclinará hacia abajo.

Pivot y niveles de precios completos:

Se pueden rastrear otros niveles de soportes y resistencias no en los máximos o mínimos, sino en los niveles calculados a través de una fórmula que incluye máximos, mínimos y cierre del día llamados Pivot point, o en niveles de precios completos, por ejemplo, 1,20000 o 1,30000.

Correlaciones:

En el mercado de trading de divisas, a menudo escucharás sobre la correlación de divisas.

La correlación es una medida estadística de cómo dos asset se mueven entre sí.

En general, por lo tanto, es la medida de la relación entre dos variables: Asset X y Asset Y.

La correlación puede ser:

Positiva: en el caso de que dos asset se muevan de manera muy similar.

Negativa: cuando dos asset se mueven a "espejo".

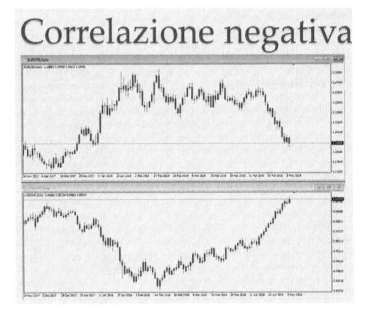

Gap:

El gap ocurre cuando la apertura de la vela actual es mayor que el máximo de la vela anterior, o cuando es menor que el mínimo de la vela anterior. El gap se encuentra a menudo cuando se abre el mercado.

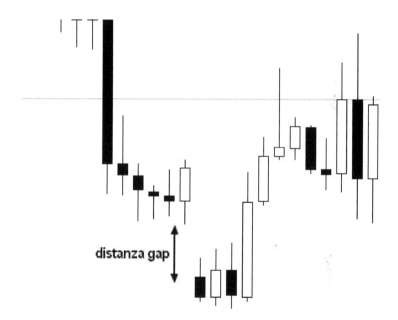

Backtest:

El Backtest se usa principalmente para análisis cuantitativos: no es más que el informe completo de cómo se habría comportado nuestra estrategia automática en un range temporal pasado.

Equity:

Cuando hablamos de Equity, nos referimos a la representación gráfica del rendimiento de nuestro capital neto, ya sea backtest o nuestra cuenta demo/real.

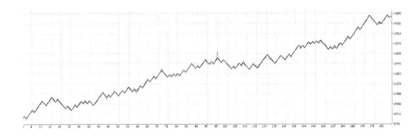

Drawdown:

Este también es un término muy utilizado: en pocas palabras, tenemos un drawdown en la presencia de pérdidas y la equity comienza a inclinarse hacia abajo.

Estamos especialmente interesados en el "drawdown máximo": la distancia entre el último máximo del equity y el mínimo más bajo del equity.

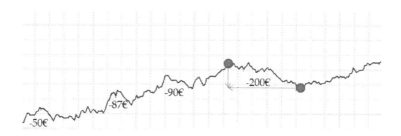

HFT:

Acrónimo de High-frequency-trading: es un método de intervención en los mercados financieros a través de sofisticadas herramientas de software y hardware, con las cuales se abren y cierran operaciones de muy alta velocidad y volúmenes sustanciosos.

La duración de estas transacciones puede ser incluso en unas pocas fracciones de segundo. El propósito de este enfoque es ganar dinero con márgenes muy pequeños, incluso unos pocos centavos, pero de manera masiva y con grandes cantidades de transacciones diarias.

Obviamente, estas tecnologías solo son accesibles para los grandes protagonistas del mercado, como los grandes fondos, o para los bancos de negocios más grandes del mundo, como Goldman Sachs y Morgan Stanley.

En este momento, las estrategias HFT han alcanzado volúmenes significativos de tráfico comercial: se estima que son responsables de la mayor parte del tráfico de transacciones de algunas bolsas de valores, con porcentajes que en algunos casos superan el 70% del volumen total.

El uso de HFT en consecuencia conduce a una mayor eficiencia del mercado y, en el corto plazo, a condiciones de extrema volatilidad, lo que le da al mercado una complejidad excesiva. Y mayoría de los trading retail, no son plenamente conscientes de esto.

En la bolsa de valores de Milán, se estima que estas transacciones de alta frecuencia equivalen aproximadamente al 50%, mientras que afectan aproximadamente al 70% del volumen de negociación de acciones en los mercados de los Estados Unidos.

Noticias Macroeconómicas:

Las noticias macroeconómicas son aquellas noticias que pueden influir en los mercados.

Estas news se produce en varias ocasiones: puede deberse a la divulgación, por parte de varias entidades, de datos estadísticos sobre el desempeño de un país (PIB, índices salariales promedio, IPC) o de discursos como los del presidente de BC.

Este es el sitio para ver el calendario económico:

https://it.investing.com/economic-calendar/

Obviamente, hay noticias que influyen en los mercados al mínimo y noticias que pueden tener un impacto significativo en ellos.

El impacto de una noticia se puede clasificar como bajo (un toro), medio (dos toros) o alto (tres toros).

08:00	EUR		PIL della Germania (Annuale) (1° trim.) P	1,6%	1,8%	2,3%
08:00	EUR		PIL della Germania (Trimestrale) (1° trim.) P	0,3%	0,4%	0,6%
08:45	EUR		IPC francese (Annuale)	1,6%	1,6%	1,6%
08:45	EUR		IPC francese (Mensile) (Apr)	0,2%	0,1%	0,1%

La publicación de noticias a menudo conduce a un aumento de la volatilidad y la imprevisibilidad en los mercados: es una verdadera espada de doble filo.

Así que tratemos de mantenernos alejados de las noticias macroeconómicas a 3 toros, a menos que tengamos una estrategia de volatility breakout que aproveche estos aumentos repentinos en la volatilidad.

Para mis trading system he desarrollado un sistema de "salvavidas": esto, bajo noticias, gestiona la operación de una manera diferente, adaptándose a la volatilidad y evitando así pérdidas sustanciales; por lo contrario, se las arregla para aprovechar al máximo esos momentos en que el precio sigue nuestro camino.

Conclusión

En este capítulo he tratado de recopilar, sintetizar y simplificar lo máximo posible cuáles son los términos más importantes y, sobre todo, más útiles para lo que trataremos más adelante. Ciertamente hay muchos otros términos, pero no son fundamentales. No me gusta, en particular modo la teoría, prefiero ir directamente a practicar concentrándome en lo que puede funcionar y lo que no puede funcionar. Los términos y los lenguajes de "gran profesores" los dejamos a los demás: nosotros debemos hacer trading. ¡Y tenemos que hacerlo bien!

Obviamente necesitas conocer estos términos básicos. No te asustes: estoy seguro de que al leerlos y releerlos, y sobre todo al aplicarlos, los memorizarás en poco tiempo.

Sin embargo, cuando no recuerdas algo, siempre puedes volver a este capítulo.

Riepilogo del capitolo 3:

- **Long/Buy y Short/Sell**
- **Bid/Ask y Spread**
- **Stop Loss y Take Profit**
- **CFD y Futures**
- **Apalancamiento financiero, Lotes y Pip**
- **Margen, Margin Call**
- **Metatrader**
- **Time Frame**
- **Swap/rollover**
- **Tipos de órdenes**
- **Indicadores técnicos**
- **Pivot point y precios completos**
- **Correlaciones**
- **Gap**
- **Backtest**
- **Equity**
- **Drawdown**
- **HFT**
- **Noticias Macroeconómicas**

Notas:

Capítulo 4: Bases del análisis técnico

El único objetivo del Trading no es demostrar que tenías razón, sino que escuchar las ganancias tocar a la puerta.

-Marty Schwartz-

Antepongo: como dije en el primer capítulo, no utilizo personalmente el análisis técnico. Sin embargo, no por esto, he evitado incluirlo en este libro, porque un trader siempre tiene que saber al menos cuáles son las bases del análisis técnico.

En economía, el análisis técnico, también llamado AT, es el estudio de la tendencia pura de los precios de los mercados financieros, con el fin de predecir movimientos futuros a través de estudios de los gráficos de referencia.

En un sentido amplio, es esa teoría de análisis según la cual es posible predecir la tendencia de los precios futuros al estudiar la historia pasada. Esta frase también es válida para aquellos que usan análisis cuantitativos: la diferencia está en las herramientas que se usan.

El análisis técnico tiene como objetivo analizar y comprender, a través del análisis de gráfico; también se basa en una suposición fundamental: dado que el comportamiento de los inversores se repite con el tiempo, cuando ocurren ciertas condiciones gráficas, los precios también se moverán en consecuencia.

Esta consideración podría considerarse cierta, especialmente hace varios años, cuando todavía no existían herramientas trading avanzadas (como la HFT explicada anteriormente). Hoy, sin embargo, sabemos que estos instrumentos afectan a la volatilidad, lo que hace que los mercados sean inestables y cada vez menos predecibles: esto conduce a una eficiencia limitada de estos análisis, especialmente en bajos time frame.

Los supuestos en los que se basa el análisis técnico son principalmente tres: el *precio descuenta todo, la historia se repite, la validez de los trend.*

El precio descuenta todo:

Es una premisa básica para la correcta comprensión del análisis técnico. Proviene de la creencia de que todos los factores fundamentales, políticos, psicológicos, monetarios y económicos que han determinado su desempeño ya están incorporados en los precios del mercado de valores.

Los gráficos, de hecho, no hacen que el mercado suba o baje en sí, sino que son simplemente un reflejo de todo lo que lo afecta.

A través del estudio de gráficos, respaldado por indicadores técnicos, los analistas pueden comprender qué dirección pretende tomar el mercado.

La historia se repite:

Se basa en este principio: en presencia de algunos puntos, niveles de precios, figuras gráficas o pattern, es posible predecir el movimiento futuro del precio ya que en el pasado ya se había comportado de manera similar.

Validez de los trend:

Es más fácil que un trend tenga una tendencia continua que una reversión brusca. Por lo tanto, se puede decir que está destinado a continuar hasta que muestre signos claros de reversión.

-trend is your friend-

Uno de los principales objetivos de los analistas técnicos es identificar los niveles de precios para ingresar al mercado utilizando técnicas operativas, identificando precisamente el mejor momento para abrir y cerrar operaciones.

Por lo tanto, el análisis técnico representa esencialmente el estudio del movimiento de los precios del mercado. Incluye tres datos principales disponibles para el analista:

- Precio
- Volumen
- Open interest

Por lo contrario, el análisis fundamental examina todos los factores relevantes para determinar el precio correcto de un bien, acción, moneda; por lo tanto, el valor intrínseco se basa solo en la ley de la oferta y la demanda. Para resumir, se puede decir que los analistas fundamentales estudian las causas de los movimientos del mercado, mientras que los analistas técnicos estudian sus efectos.

Orígenes del análisis técnico

Los orígenes del AT se remontan a principios de 1900 y se pueden rastrear en la teoría de Dow.

Charles Dow fue uno de los personajes más importantes en la historia moderna de los mercados financieros. En 1882,

Charles y su socio Edward Jones fundaron Dow Jones & Company. La mayoría de los investigadores de mercado están de acuerdo en que lo que hoy se llama análisis técnico nació en las teorías propuestas por primera vez por Dow: la teoría de Dow todavía constituye una herramienta fundamental para el estudio del AT en la actualidad.

Desafortunadamente, Dow nunca dio una forma sistemática a su pensamiento personal, pero en muchos artículos del *Wall Street Journal* puedes encontrar muchas de las ideas expresadas en el mercado de valores. Después de su muerte, estos artículos fueron recopilados y republicados: sólo entonces nos dimos cuenta de la existencia de una teoría económica real.

La teoría de Dow ha tenido un valor tan importante que se ha comparado con el valor de la teoría freudiana en el campo de la psiquiatría.

Principios fundamentales de Dow

En los principios fundamentales de Dow encontramos muchas de las cosas que se dijeron anteriormente sobre el análisis técnico moderno.

Los índices descuentan todo:

La suma y la tendencia de las transacciones bursátiles representan la suma del conocimiento del pasado, cercano y remoto, aplicado al descuento del futuro. En práctica, todo lo que el mercado no puede anticipar se descuenta y se asimila casi de inmediato a los precios.

El mercado tiene dos trend:

uptrend: trend alcista, tiene picos máximos y mínimos crecientes.

downtrend: trend bajista, tiene picos máximos y mínimos decrecientes.

Cada trend se divide en 3 categorías: trend primario, trend secundario y trend menor. Como la marea, las olas y los cachones de las olas.

El trend principal tiene tres fases importantes:

- fase de acumulación
- fase de participación
- fase de distribución

Los índices deben confirmarse mutuamente.

El volumen debe confirmar el trend.

Un trend está en curso hasta que haya una señal de respuesta definitiva de inversión de tendencia.

En estas líneas, se han presentado brevemente los aspectos más importantes de esta teoría. Podemos decir que la mayoría de las estrategias de análisis técnico son variantes: algunas con cambios innovadores, y en sintonía con los tiempos, de la teoría de Dow.

Gráficos para los análisis:

Los gráficos disponibles para los análisis son diferentes: principalmente, trataremos el gráfico de candlestick (a vela) y el gráfico de barras.

Ambos gráficos tienen un eje X temporal donde podemos ver la fecha y hora del precio, y un eje Y donde se muestran los precios.

Como se mencionó anteriormente, cada vela/barra registra los cambios de precio en función del time frame seleccionado: si luego seleccionamos un time frame de 30 minutos, se formará una nueva vela/barra cada 30 minutos y cada una registrará el precio máximo de apertura, cierre, máximo y mínimo de ese período de tiempo.

El gráfico de barras se define así porque está representado por barras verticales: cada barra tiene un guión a la izquierda al nivel del precio de apertura y un guión a la derecha al precio de cierre de la barra. El punto más alto de la barra está al precio máximo, el punto más bajo de la barra está al precio mínimo.

Este tipo de gráfico es mi favorito, porque es delgado y muy práctico.

Aquellos que usan el análisis gráfico con herramientas técnicas, generalmente aprovechan el gráfico candlestick.

Los gráficos candlestick representan la versión japonesa de los gráficos de barras. Las velas registran, como el gráfico de barras, los precios de apertura, cierre, máximos y mínimos: la diferencia, sin embargo, es que visualmente tienen forma de vela, en la que la parte con cuerpo de la vela se llama Body y resalta la diferencia entre apertura y cierre de velas. La distancia entre Máximo y Mínimo generalmente se llama Range de vela.

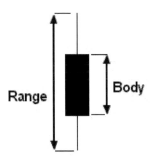

Nunca inviertas en un negocio que no entiendes

-Warren Buffett-

Trend

Como se mencionó anteriormente, el trend simplemente representa la dirección del mercado, pero necesita una definición más precisa con la cual trabajar.

Un trend alcista se definirá por una serie de máximos y mínimos crecientes, mientras que un trend bajista será exactamente lo contrario y presentará una serie de máximos y mínimos decrecientes.

En presencia de un mercado lateral, por otro lado, encontraremos máximos y mínimos horizontales.

Como ya se mencionó en el capítulo anterior, los analistas técnicos utilizan mucho los soportes, las resistencias y los trendlines: gracias a ellos pueden identificar rápidamente la dirección y la fuerza.

Como hemos dicho, los precios se mueven con una serie de mínimos y máximos: estos determinan la dirección del mercado.

Los mínimos también se denominan puntos de rebote: tenemos mínimos cuando el interés de los compradores se vuelve lo suficientemente fuerte como para superar la presión de los vendedores y elevar el precio. Los trendline alcistas y los soportes se trazan uniendo estos puntos de rebote con una línea recta.

Por lo contrario, tenemos máximos cuando el interés de los vendedores es lo suficientemente fuerte como para superar la presión de los compradores y bajar el precio. Las líneas de tendencia bajista y de resistencia se dibujan uniendo estos puntos.

Entonces, ¿cómo diablos se utilizan estas líneas para abrir las operaciones en el mercado?

Por lo general, estas líneas se proyectan hacia adelante y se utilizan para buscar reversiones de trend: las operaciones de Buy a menudo están abiertas cuando el precio toca un soporte o un trendline alcista, mientras que

89

una operación Sell se abre cuando el precio toca una resistencia o un trendline bajista.

Básicamente, tratamos de anticipar un repunte de los precios en esos niveles marcados por las líneas de tendencia trazadas.

Sin embargo, tenga cuidado: los soportes, resistencias y líneas de tendencia pueden intercambiarse. Cuando el precio cae por debajo de un soporte trazado y continúa en su camino sin revertirse, se dice que "ha habido una ruptura", o incluso "el precio ha roto el soporte bajista": en ese punto esa línea no Es más un apoyo, pero se convierte en una resistencia. Situación inversa: si el precio rompe la resistencia al alza, entonces habrá soporte. Pero entiendes bien que estos son análisis muy subjetivos.

Sobre estos temas podría profundizar para muchas más páginas entre teorías y ejemplos. Honestamente, sin embargo, no considero que toda esta teoría sea muy útil, especialmente por mi parte, porque no me considero un analista técnico.

A continuación, os mostraré algunas de las figuras técnicas más importantes utilizadas y famosas, solo para tener una idea general más clara.

CIFRAS DE INVERSIÓN

Cabeza y hombro

Es una importante cifra de inversión. Esta figura contiene una cabeza, hombro derecho y hombro izquierdo.

La cabeza es el máximo/mínimo absoluto de X velas: estas X velas son a discreción del trader.

Los dos hombros son los dos máximos/mínimos relativos, uno a su izquierda y otro a su derecha.

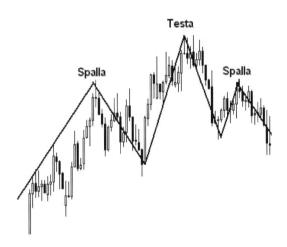

Triple máximo/mínimo

Además de la cabeza y el hombro tenemos el triple máximo o triple mínimo: no son más que tres máximos o mínimos en el mismo nivel, a menudo unidos por un soporte o resistencia. También indican un nivel de inversión.

Doble top y doble bottom

El doble top indica una inversión bajista: no es más que la formación de dos máximos en el mismo nivel. Por lo general, esta figura tiene forma de M.

Por lo contrario, el doble bottom anuncia una inversión alcista. Hay dos mínimos en el mismo nivel: generalmente esta figura tiene forma de W.

Falso Breakout

El término tan amado y utilizado por aquellos que se equivocan con las previsiones del mercado.

"Falso Breakout" significa cuando el precio rompe hacia arriba el respectivo soporte o resistencia. Pero luego, en lugar de continuar en la dirección de la ruptura, se invierte: por lo tanto, hay una inversión, pero tarde y a un precio diferente de la línea trazada.

Ejemplo de un falso breakout. El precio rompió un soporte, luego volvió a subir empujando hacia arriba:

FIGURAS DE CONTINUACIÓN

Los triángulos

Hay tres tipos de triángulos: simétricos, ascendentes y descendentes.

Estamos en presencia de triángulos cuando los trendline dibujados en los bajos y los trendline dibujados en los altos se cruzan y convergen.

Cada trendline debe tener al menos 4 puntos de contacto: 4 mínimo para el trendline de soporte y 4 como máximo para el trendline de resistencia.

La presencia de un triángulo significa que ha habido un gran movimiento de mercado que se está apretando gradualmente: esta fase generalmente se llama fase de "acumulación" o "consolidación".

Si el trend hasta ahora ha sido alcista y posteriormente ha habido una ruptura del triángulo ascendente, significa que el trend probablemente continuará aumentando; por lo contrario, si el trend ha sido bajista y después de este estancamiento o acumulación hay una breakout que rompe el trendline en la parte inferior, significa que el trend probablemente continuará cayendo.

El triángulo simétrico tiene trendlines convergentes: la parte superior es descendente, mientras que la parte inferior es ascendente.

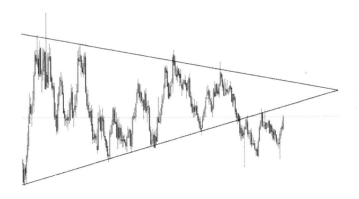

El triángulo ascendente tiene la línea ascendente inferior, mientras que la superior es horizontal.

El triángulo descendente tiene, por lo contrario, la línea descendente superior y la horizontal inferior.

Existen otras variaciones de estos triángulos, pero las principales son estas.

Formación del rectángulo

La formación del rectángulo es muy simple de ubicar y también se puede llamar trading range o aire de congestión. A diferencia de los triángulos que convergen, en la formación del rectángulo encontramos dos líneas rectas horizontales, una en el máximo y otra en el mínimo más importante, que no convergen y que, por lo tanto, crean este tipo de canal horizontal.

Aquí también, la ruptura ascendente o descendente de este canal puede significar una recuperación del trend.

PATTERN CANDLESTICK

Aunque esta técnica de análisis se ha utilizado en Japón durante siglos, comenzó a difundirse en Occidente hace

solo unos años. El término candlestick, o velas japonesas, se refiere sobre todo al hecho de clasificar ciertas combinaciones de candlestick en formaciones gráficas específicas, definidas y repetitivas.

Hay docenas y docenas de estos pattern candlestick: aquí pondré solo unos pocos. Desde mi humilde experiencia, puedo atreverme a decir que son "porquerías" utilizada como únicas condiciones de entrada para el trading. Si alguien me muestra un informe certificado de su cuenta real, en el que utiliza estos pattern de velas con éxito, me complacerá cambiar de opinión y compararme constructivamente.

Yo mismo los uso, pero solo como filtro secundario y no como análisis primario.

Como hemos dicho, el cuerpo "gordo" de la vela está formado por la diferencia entre los precios de apertura y cierre, mientras que las líneas del fusible (comúnmente llamadas shadow) de la vela superior e inferior son, respectivamente, mínimos y máximos.

Veamos qué bien podemos entender del análisis básico de estas velas japonesas.

Vela de fuerte trend al alza:

Si el precio de apertura es cercano al mínimo y tenemos un body largo al alza que termina cerca del precio de cierre, significa un fuerte impulso decidido por el mercado.

Vela de fuerte trend a la baja:

Si el precio de apertura es cercano al máximo y tenemos un body largo inferior que termina cerca del precio de cierre, significa un fuerte impulso decidido por los vendedores.

Doji:

Estamos en presencia de una vela llamada "doji" cuando el precio de cierre está muy cerca del precio de apertura. Entonces, el cuerpo de la vela es muy delgado. Cuando el precio de apertura es el mismo que el precio de cierre, incluso vemos un cuerpo muy fino que parece un guión.

Si este "guión" se encuentra en el centro del range de la vela, aproximadamente a la mitad, significa que en este período de tiempo ha habido un gran movimiento hacia arriba y hacia abajo. Sin embargo, la vela ha vuelto al precio de apertura, por lo que destaca un momento de incertidumbre.

Esto en particular se llama Long Legged Doji, en el que tenemos el pequeño body en el centro. También está el Tohbo Gravestone Doji, en el que tenemos el body en correspondencia del mínimo, por lo tanto, el precio mínimo, de apertura y cierre casi al mismo nivel. Por lo contrario, el Tonbo Dragonfly Doji presenta el body cerca del máximo.

Hammer:

Otra figura importante es el Hammer, el martillo.

Es fácil reconocerlo porque tiene un cuerpo pequeño y una shadow larga: junto con otras velas, puede ser una referencia para una señal de inversión o continuación.

Si lo encontramos en niveles importantes, con la shadow mirando hacia el nivel, puede anunciar una inversión significativa.

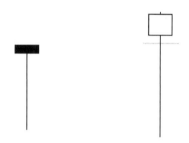

Engulfing:

Este pattern consta de dos velas: la primera vela tiene un cuerpo de range reducido, la siguiente tiene un cuerpo mucho más grande que "come" la vela anterior.

La segunda vela siempre tiene la tendencia opuesta: si la primera es una vela alcista, para ser un engulfing, la segunda necesariamente tendrá que ser bajista y tener un cuerpo más grande.

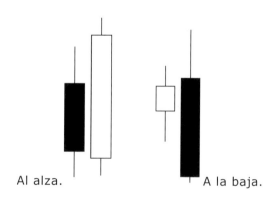

Al alza.   A la baja.

Habría muchos más, pero realmente me enferma solo mencionarlos. Shooting star, belt hold, harami, dark cloud cover, breakaway, etc., etc. Dejémoslo ...

LA TEORÍA DE LAS ONDAS DE ELLIOT

Ralph Nelson Elliot (1871-1948), el fundador de la teoría, dedicó gran parte de su vida a desarrollar su propia visión del comportamiento del mercado, bajo la influencia de la teoría de Dow.

Hay tres aspectos importantes en la teoría de ondas: el pattern, pensado como una figura visual; la ratio, ese es el porcentaje; el tiempo.

El Pattern se refiere a las figuras de las ondas o formaciones y es el elemento más importante.

El análisis del porcentaje es útil para determinar los puntos de retroceso y los objetivos de precio que se pueden obtener midiendo la relación entre las diferentes ondas.

El tiempo es la última pieza y se puede usar para confirmar las cifras y los porcentajes de las ondas.

Según esta teoría, el mercado sigue un ritmo repetitivo de cinco ondas principales seguidas de tres ondas "correctivas": por lo tanto, un ciclo completo consta de ocho ondas.

Las ondas son escalables como una matrioska: de un ciclo grande tendremos uno más pequeño, que contendrá uno más pequeño.

Aquí también habría otro libro para escribir sobre las ondas de Elliot, pero os ahorraré toda esa teoría inútil que para fines prácticos conduce a muy pocos resultados.

FIBONACCI

Leonardo Pisano, llamado Fibonacci, es considerado uno de los mejores matemáticos de todos los tiempos. Junto con otros colegas de la época, contribuyó al renacimiento de las ciencias exactas; con él en Europa existía la unión entre los procedimientos de la geometría griega euclidiana y las herramientas de cálculo matemático desarrolladas por la ciencia árabe.

En el trading, algunos de sus principios se utilizan para determinar niveles de precios importantes: hablemos de los famosos retrocesos de Fibonacci.

El retroceso de Fibonacci es una herramienta de análisis técnico que utiliza porcentajes y líneas horizontales dibujadas en gráficos de precios para identificar posibles áreas de soporte y resistencia.

Los mercados rara vez se mueven linealmente y a menudo hay períodos altos y bajos.

Estos retrocesos del amigo "Fibo" se basan en el principio matemático de la proporción áurea, con esta secuencia: 0, 1, 1, 2, 3, 5, 8, 13, 21, 34, 55, 89 y así sucesivamente, donde cada número es aproximadamente 1.618 veces mayor que el número anterior.

Con las herramientas avanzadas que tenemos disponibles hoy, es bastante fácil de usar. Existen estos indicadores preestablecidos: simplemente basta poner el nivel 100 del indicador en un máximo importante y el nivel 0 en el mínimo importante. Luego, automáticamente, el indicador marcará los niveles de soportes y resistencias.

Estos retrocesos se pueden utilizar de diferentes maneras, para tener un nivel claro de entrada al mercado o un nivel objetivo de ganancias o pérdidas.

ANÁLISIS CÍCLICO

Otra rama del análisis técnico es el análisis cíclico. Creo en este análisis, porque personalmente conozco a varios trader profesionales que lo usan con éxito.

El análisis cíclico es la disciplina que busca predecir el desempeño de un instrumento financiero a través del estudio del factor tiempo.

Este análisis describe una nueva dimensión del mercado, asegurando que el mercado en sí mismo pueda ser monitoreado desde una perspectiva diferente.

Un ciclo bursátil es una función periódica, un pattern que se repite a lo largo del tiempo a intervalos regulares.

La filosofía del análisis cíclico deriva de las relaciones con el mundo natural, como los ciclos recurrentes de estaciones y planetas y todos los demás eventos repetitivos, como los ciclos sociales y económicos.

En la práctica, la duración del ciclo - llamada período - se mide teniendo en cuenta el mínimo al mínimo. El efecto "matryoshka" también es válido aquí, en el que hay ciclos principales y los diversos subciclos escalados en proporción.

Características de un ciclo:

Magnitud: es la altura de una onda, la distancia en términos de precio entre un mínimo y un máximo del ciclo.

Período: como se dijo es su duración, calculada entre el mínimo del comienzo del ciclo y el mínimo del siguiente ciclo.

Fase: es la medida del tiempo calculada con la distancia del mínimo principal y el mínimo de su subciclo.

Uno de los máximos exponentes históricos del análisis cíclico es James M. Hurst, un ingeniero aeroespacial estadounidense que creó el famoso "modelo Hurst".

El ciclo de Hurst es una combinación de ciencia y arte, una habilidad que se debe aprender.

Hurst pensó que el mercado está compuesto por varios ciclos de diferentes tamaños que interactúan entre sí: comenzando desde el más pequeño hasta el más grande, cada ciclo está separado y se combina con los otros que forman el movimiento del precio.

Los ciclos se conectan simplemente sumándose: los valores de dos o más ciclos, sumando, crean el ciclo compuesto, que no es más que el valor del precio en ese momento.

El modelo cíclico de Hurst, en su versión clásica, incluye 4 ciclos sinusoidales que tienen una relación armónica de 2 y una magnitud creciente entre ellos.

Gann, uno de los trader más importantes de la historia, utilizó personalmente los análisis de correlación precio - tiempo, combinando también el análisis gráfico de precios con análisis cíclicos temporales.

INDICADORES TÉCNICOS

El análisis técnico también incluye el uso de indicadores técnicos: ya hemos mencionado algunos de ellos anteriormente, ahora vamos a hacer un estudio rápido.

Promedios móviles

Los promedios móviles son los indicadores técnicos más utilizados para el trading manual y automático.

El promedio móvil simple no es más que el promedio de una serie homogénea de datos: se calcula simplemente sumando los valores de la serie y dividiendo todo por el número de observaciones.

Existen varios tipos de promedios móviles:

Promedio móvil simple: simplemente basta agregar los precios de cierre de X velas y dividir el resultado por el número de X velas.

Ponderado: asigna un mayor peso a los datos más recientes y un menor peso a los más distantes. Este promedio responde mejor a eventos recientes y amortigua las oscilaciones pasadas.

Exponencial: requiere un cálculo mucho más complejo que los anteriores.

Los promedios móviles tienen muchas funciones, como identificar una tendencia continua: pueden usarse como soportes o resistencias curvas, pueden dar señales de entrada para abrir una orden o, por lo contrario, pueden usarse para cerrar señales de una operación.

Son una herramienta simple y excelente disponible en todas las plataformas de trading, utilizadas a gran escala por todo tipo de trader.

Bandas de Bollinger

Indicador desarrollado por John Bollinger. Tiene dos bandas colocadas alrededor de un promedio móvil: las bandas se calculan dos desviaciones estándar por encima y por debajo del promedio. La desviación estándar es un concepto estadístico, que describe cómo los precios se dispersan alrededor de un valor promedio.

Al usar dos desviaciones estándar existe la certeza de que el 95% de los datos de precios se incluirán dentro de las dos bandas de trading.

Cuando el precio alcanza la banda superior, nos encontramos en una situación de sobrecompra en la que los compradores están presionando; por lo contrario, cuando el precio toca la banda inferior, nos encontramos en una situación de sobreventa en la que los vendedores tienen la ventaja.

Las bandas son una de mis herramientas favoritas: además de indicar niveles de sobrecompra o sobreventa, también indican situaciones de alta o baja volatilidad. Cuando la distancia entre la banda superior e inferior aumenta, significa que hay un aumento en la volatilidad; cuando la diferencia entre las bandas disminuye, significa que estamos en presencia de una fase de compresión y poca volatilidad.

Las bandas también se pueden usar por múltiples razones: para tener configuraciones de entrada precisas, también usadas como soportes y resistencias móviles, para tener una situación clara sobre la volatilidad y para tener una configuración para cerrar una operación.

RSI

El Relative Strenght Index , o fuerza relativa, es uno de los osciladores más importantes y utilizados.

El RSI mide principalmente el impulso, es decir, la velocidad e intensidad con la que se produce el cambio de precio.

Es un oscilador que se mueve en un range de 0 a 100: generalmente, si el indicador está por encima del umbral de 70, indica un momento de sobrecompra; si el indicador está por debajo del umbral de 30, indica una situación de sobreventa.

Una estrategia clásica para ingresar al mercado con el RSI es ingresar Buy si el indicador está sobrevendido e ingresar Sell cuando el indicador está sobrecomprado.

Se puede considerar otra situación de entrada al observar las **divergencias** entre el RSI y los precios: si el precio tiene dos o más mínimos decrecientes, mientras que el RSI tiene dos o más mínimos ascendentes, esto puede significar un inversión de tendencia; por lo contrario, por otro lado, la situación es diametralmente opuesta.

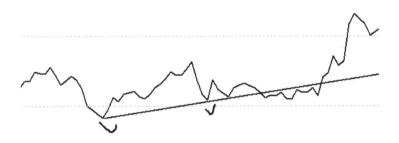

Este indicador también se puede utilizar para diferentes propósitos: no solo para buscar setup de entrada, sino también para evaluar la fuerza y dirección del trend y para buscar setup de salida del trade.

Hay muchos otros para usar, pero aquí quería resumir los 3 más utilizados.

Conclusión capítulo

El análisis técnico es un terreno fértil para los estafadores: incluso el trading lo es para ellos, pero el análisis técnico en particular.

Esto se debe a que el análisis técnico es subjetivo: como afirman los mejores analistas, por lo tanto, es un arte.

Es una habilidad que se asimila a lo largo de los años, después de horas y horas dedicadas a los gráficos. Después de abrir cientos y cientos de oficios. Es algo muy personal y subjetivo.

Tomemos un ejemplo: en el mismo gráfico, podría ver una cabeza y hombros, mientras que otra persona podría ver un triángulo de continuación. Otro individuo puede notar un falso breakout, mientras que otra persona aún puede ver un retroceso de Fibonacci. Las variantes son realmente demasiadas. Y muy subjetivas.

En consecuencia, es fácil captar algún "pardillo". Estos "gurús" comienzan por llamar la atención con sus análisis. En ese momento, ofrecen sus folletos o cursillos (que pueden costar incluso miles de €). Y muchos ni siquiera ponen sus caras en él, sino que usan seudónimos.

Por lo general, en sus análisis, abren un gráfico y comienzan a rastrear todo lo que he explicado en el capítulo: trendline, fibonacci, ciclos, etc. Luego comienza el análisis real: "Aquí, como pueden ver, ha habido un aumento", "Se puede observar el mercado que ha caído después de esta cifra de reversión", "Aquí hay un patterm

candlestick y, de hecho, el mercado continuó la carrera ".
Todos los análisis con el mercado se detuvieron.

Todos son buenos para hacer este tipo de análisis: incluso un niño podría hacerlo, pero pueden argumentar tan bien que te dejan sin palabras y te hacen pensar "joder, este entiende".

Pero luego, cuando intentan hacer predicciones, la mayoría de las veces salen con un "Aquí está esta cifra actualmente, entonces si el precio rompe este nivel, podría subir, o con un falso breakout podría bajar".

Obviamente entonces, en sus cursos de formación, si no puedes ser rentable, la culpa es tuya y de nadie más por no haber entendido bien cómo funciona la estrategia. Y no puedes rebatir, porque no hay líneas de guía que seguir literalmente paso a paso. Simplemente porque los casos de análisis, como hemos visto, son muchos y muy subjetivos.

¿Por qué digo esto? Para que tengas cuidado.

Pero obviamente - y afortunadamente añadiría yo – ino todos son así!

Cómo reconocer a los buenos formadores:

Ponen sus caras, con su propio nombre y apellido.

Tienen certificados históricos de sus operaciones o de sus estudiantes, de al menos 6 meses. En otras palabras, los estudiantes que siguen sus estrategias certifican que son rentables. Y ya aquí la mayoría de los pseudo formadores saltan, porque de cada 100 traders/formadores que muestran los resultados certificados son como máximo 2 o 3.

Si estos certificados históricos están presentes, preguntar con qué riesgo, qué operación se utiliza y qué money management se adopta.

Esto se debe a que algunos ganan sí, pero durante unos meses, gracias a un money management muy arriesgado. Especialmente cuando se ofrecen sistemas automáticos en los que muestran sus ganancias, pero no dicen que el riesgo de perder el 50% o incluso todo el dinero, es muy alto.

¡Las ganancias estratosféricas no disparan! Solo necesitas saber que los mejores trader del mundo obtienen un promedio de 20/30% de ROI por año, con riesgo controlado. Comprendes bien que, si llega un "Don nadie" y te promete un 20/30% POR MES, hay algo extraño debajo. A menudo existe un riesgo desproporcionado, que conduce rápidamente a quemar todos los ahorros. O más simplemente se trata de un charlatán.

De acuerdo, tienes razón. He sido muy directo. Pero siento el deber de escribir estas palabras porque he visto muchos traders discrecionales falsos. Traders que ofrecieron sus señales o sistemas automáticos con promesas de % estratosféricos y que luego llegaron todos al mismo resultado. ¿Qué? Capital de clientes "quemados" por completo (o casi).

Afortunadamente, pude ayudar a muchas personas y evité que desperdiciaran los ahorros, dirigiéndolos hacia personas verdaderamente preparadas.

Los que me han seguido hasta el día de hoy agradecen estos consejos desapasionados. Y eso es lo que me hace sentir satisfecho y orgulloso.

Para terminar, como J.J. Murphy en su libro sobre análisis técnico: "La verdad es que la interpretación es subjetiva y leer un gráfico es un arte, pero sería más correcto hablar de habilidades".

Resumen del capítulo 4:

- Orígenes del análisis técnico
- Principios fundamentales de Dow
- Gráficos por los análisis
- Trend
- Cifras de inversión
- Figuras de continuación
- La teoría de las ondas de Elliot
- Fibonacci
- Análisis Clínico
- Indicadores técnicos

Notas:

Capítulo 5: Estrategias Operacionales para el Forex

No es tan importante comprar al precio más bajo como comprar en el momento adecuado.

-Jesse Livermore-

Bien, diría que ya hemos tenido suficiente teoría. ¡Ahora ha llegado el momento de entrar finalmente en la parte práctica!

Se necesitan estrategias operativas para operar en los mercados: no es posible abrir un gráfico, lanzar una moneda al aire o quitar los pétalos de las margaritas y decidir si se ingresa a Buy o Sell.

Debemos tener estrategias muy claras y precisas, estudiadas en detalle. Debemos saber principalmente cuándo y cómo ingresar al mercado, administrar la posición abierta y cerrar la operación.

Existen diferentes tipos de estrategias operativas. Aquí están los principales:

- Estrategia Reversal (Controtrend o Mean reverting)
- Estrategia Trend Following
- Estrategia Breakout
- Estrategia Volatility Breakout
- Estrategia BIAS

Habría muchos más, pero los principales y más utilizados son estos cinco.

Premisa: antes de seguir con la explicación de las estrategias, quiero subrayar el hecho de que los análisis y las estrategias en sí son recomendables a partir del time frame de 15 minutos.

Analizar gráficos y aplicar estrategias en sus time frame más bajos es mucho más difícil y peligroso: hay mucho "ruido" en el mercado, los gráficos no están limpios, hay noticias, HFT y otros factores externos que tienen un fuerte impacto bajo este aspecto.

Os enseño todo con un ejemplo, distinguiendo entre un gráfico de 1 minuto y un gráfico diario.

Time Frame 1M:

Time Frame 1Day:

Como puedes ver, el time frame de 1 minuto es mucho más sucio y con mucho ruido de fondo, a diferencia del gráfico diario, que es mucho más limpio y lineal: este aspecto permite un análisis más claro y preciso.

Para termina, por lo tanto, para implementar cualquier estrategia a nuestro alcance, es mejor usar time frame más altos para análisis generales de fondo; luego, en caso de que desees tener más precisión en las entradas/salidas, puedes usar time frame más cortos. Sin embargo, repito que es bueno llevar a cabo el análisis de fondo en time frame aplios.

La elección del time frame a analizar también depende del tipo de operación que se quiera implementar. Aquellos que prefieren el trading de posición, como vimos al principio, analizarán los plazos que varían del diario al mensual. Aquellos que prefieren una operación multiday, por otro lado, pueden analizar desde el gráfico horario hasta el gráfico semanal. Finalmente, aquellos que usan una estrategia intraday pueden analizar y basar sus estudios de time frame a partir de 15 minutos hasta el gráfico diario. Obviamente, esta no es una regla definitiva, pero estos son, en promedio, los plazos que se analizarán de acuerdo con las diferentes operaciones.

Yo, personalmente, uso el análisis M15 en mis sistemas automáticos: esto se debe a que tengo una operación principalmente intraday.

Otro aspecto importante a destacar y saber es que **no existe una estrategia que sea buena para todos los mercados y que dure para siempre.** Las estrategias exitosas son aquellas que quedan como un anillo al dedo para cada asset de referencia. Por ejemplo: una estrategia de inversión podría ser mejor en EurUsd, mientras que en AudJpy no funcionaría; por lo contrario, en AudJpy las estrategias de Breakout pueden estar bien.

Todas las estrategias "mueren": habrá un punto de quiebre donde será necesario realizar cambios y mejoras. ¿Por qué? Simplemente porque el mercado cambia y está en constante evolución.

ESTRATEGIA REVERSAL

Una estrategia reversal, que también se puede llamar controtrend o mean reverting (hay variaciones pero cambian poco), es esa estrategia que busca el setup para ingresar al mercado en inversiones de precios, que son breves o más amplias. Por lo general, buscamos momentos de sobrecompra o sobreventa donde el precio está muy por encima o por debajo de su valor promedio.

En las estrategias reversa,, por lo tanto, se buscan inversiones de precios y puntos de rebote.

Por lo general, las estrategias reversal buscan estas inversiones y cierran las operaciones después de unos pocos pips (siempre en relación con el time frame utilizado) cuando el precio se acerca a su valor promedio. También porque es extremadamente difícil capturar las inversiones de megatendencias, en las que el precio se invierte y genera, por ejemplo, 1000 pips en un lado y luego en el otro. A menudo, estas estrategias tienen Stop Losses bastante grandes y Take Profits más cercanos.

Una estrategia reversal a menudo se caracteriza por pequeñas ganancias constantes y pérdidas más infrecuentes pero más grandes: esto se debe al riesgo de rendimiento.

En el análisis técnico, los soportes y las resistencias se utilizan principalmente para saber cuándo y dónde ingresar. Se espera que el precio se acerque primero a la línea trazada. Luego, al tocar, se abre una orden de Buy si el precio toca un soporte de arriba a abajo; o si se abre un Sell, el precio toca una resistencia desde abajo hacia arriba.

Ejemplo entrada Sell al toque de un trendline de resistencia.

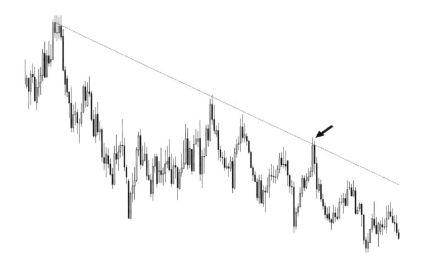

Ejemplo de entrada Long al toque de un trendline de soporte.

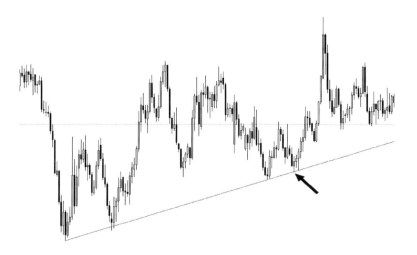

Como puedes ver en las fotos, existe un trendline dibujado en los puntos máximos, que forma el trendline de resistencia, y el trendline de soporte, obtenido al unir los puntos mínimos más importantes. Por lo tanto, una estrategia básica es ingresar a estos niveles y abrir operaciones reversal que buscan precisamente estos puntos de rebote.

La gestión y el cierre se pueden ajustar simplemente configurando un nivel de Profit, con Take Profit, y un nivel de pérdida máxima, configurando Stop Loss.

No hablaré específicamente sobre estas estrategias, porque no soy un analista técnico y uso indicadores importantes o niveles de precios con mucha más frecuencia.

En las estrategias reversal, además de los análisis a través de trendlines y pattern, los osciladores (como RSI, Estocástico, etc.) o las bandas de precios también se usan mucho, como, por ejemplo, bandas de Bollinger o envelopes.

Ahora analicemos una estrategia de manera más analítica con nuestras herramientas disponibles para el análisis cuantitativo.

Estrategia utilizando las Bandas de Bollinger

Las bandas representan una herramienta que me gusta especialmente, tanto por su adaptabilidad como por las múltiples situaciones en las que se puede usar.

En este ejemplo, los utilizaremos para buscar entradas reversal en EURUSD, para que tu también puedas comenzar a practicar en los gráficos y abrir y cerrar operaciones de acuerdo con algunas condiciones ya establecidas.

Realicé un análisis cuantitativo para encontrar las mejores condiciones para abrir y cerrar las operaciones simplemente usando las Bandas de Bollinger, que llamaremos BB de ahora en adelante.

Equity Estrategia:

Esta es la equity de esta estrategia desde 2013 hasta gosto 2019. Ha sido estudiada siguiendo logicas bien especificadas, test y contratest.

Report estrategia:

Este es el report completo de la estrategia desde 2013 hasta 2019 utilizando un mini-lote en cada operación (0.1). Podemos ver meses consecutivos de pérdidas y meses de ganancias: la ganancia promedio es de alrededor de € 22.

En total hay alrededor de 190 trades, por lo tanto, aproximadamente 2 operaciones por mes: obviamente, esta estrategia tendrá que incorporarse con otras.

Lo examinaremos mejor más adelante, mientras tanto, veamos cuáles son las lógicas de entrada y salida que puedes probar de inmediato.

Configuración del indicador:

Primero necesitamos establecer el indicador con estos parámetros, luego abrimos el MT4 de Ic Markets (u otro brokersi ya lo tienes, si aún no lo has hecho, te invito a que vayas a este enlace →

www.alessioaloisi.com/icmarkets

proceder con la registración gratuita y descargar Mt4).

Una vez que Mt4 está abierto, abrimos el gráfico EURUSD en el Time Frame H4.

Ahora, entre los indicadores disponibles, seleccionamos los BB y los configuramos así:

Periodo: 5

Desviaciones 1.5

Diferencia 0

Aplicar a: Cerrar.

En este punto, deberías ver los precios rodeados por las bandas, más o menos como en esta foto:

Ahora que hemos preparado el indicador con los parámetros correctos y el gráfico EurUsd en el time frame H4, veamos cuáles son las condiciones de entrada y salida.

Setup de entrada

Pares de monedas: EURUSD

Time frame: H4

Horas de funcionamiento:

Las horas de funcionamiento indican las horas en las que se puede implementar esta estrategia. En este caso, solo podemos abrir el trade de 4:00 a 12:00 (hora del broker, que en el caso de los mercados de IC está una hora por delante de GMT + 2). De ahora en adelante, me referiré al horario del nroker, ¡así que tengas cuidado de no confundirte!)

Operación Sell/Short:

¿Como abrir una operación Short?

Abrimos una operación de Sell cuando el precio de cierre de la *vela a las 0:00* (que cierra alrededor de las 3:59 GMT + 2) o *de las 4:00* (que cierra a las 7:59 GMT + 2) se ubica encima de la banda superior de Bollinger. Cerrar UNA de estas dos velas nos da la "luz verde". En ese momento tenemos hasta las 12:00 para abrir un trade. Esto se debe a que la vela 00:00 en el time frame H4 termina a las 3:59:59, mientras que la vela de las 4:00 termina a las 7:59:59.

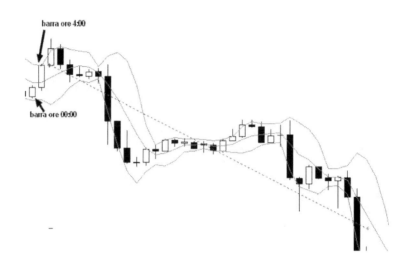

Como en esta foto, la barra 00:00 no se cierra por encima de la banda superior: por lo tanto, no hay condiciones para abrir el trade. Por lo contrario, por otro lado, la siguiente vela (la de las 4:00) se cierra justo por encima de la banda superior: en este caso, existen las condiciones para abrir el trade. El trade se puede abrir de ahora en adelante, hasta las 12:00 (hora del broker).

El nivel de precio para ingresar debe ser igual o mayor que el nivel de cierre de la vela "señal", en este caso la vela de las 4:00.

En caso de que pierdas la entrada y descubras más tarde que hay condiciones de apertura, evita abrir una operación si el precio ya ha caído por debajo del precio de cierre de la barra de "señal".

Operación Buy/Long:

Situación opuesta. Abrimos una operación Buy cuando el precio de cierre de la vela a las 0:00 (que cierra alrededor de las 3:59 GMT + 2 horas broker) o de las 4:00 (que cierra a las 7:59 GMT + 2 ahora corredor) se cierra debajo de la banda inferior de Bollinger. Cerrar una de estas dos velas nos da la "luz verde".

En ese momento tenemos hasta las 12:00 para abrir un trade.

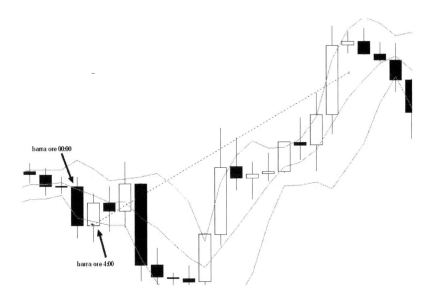

Al igual que en esta foto, la barra 00:00 se cierra debajo de la banda inferior: estas son las condiciones para abrir el trade de inmediato. El trade se puede abrir a partir de ahora, hasta las 12:00.

El nivel de precio a ingresar debe ser igual o menor que el nivel de cierre de la vela "señal", en este caso la vela de las 00:00.

En caso de que pierdas la entrada y solo te des cuenta más tarde, evita abrir una operación si el precio ya ha subido por encima del precio de cierre de la barra de señal.

La size que vamos a utilizar para cada operación será 0.01 (un micro lote) en el caso de operar con una cuenta real. En el caso de una cuenta demo, como consejo inicial, podemos abrir 0.1 (un mini-lote). Ten en cuenta que, especialmente al principio, es esencial familiarizarse con estos conceptos y estas actividades.

StopLoss:

Para limitar la posible pérdida de nuestro trade, colocaremos un Stop Loss a una distancia de 100 pips del precio de apertura. Para la operación Buy, el stop loss debe colocarse debajo: por lo tanto, 100 pips por debajo del precio de apertura del trade. En cambio, para la operación Sell, el stop loss se colocará arriba: por lo tanto, 100 pips por encima del precio de apertura.

(En el meta trader: 1000 mt4 puntos equivalen a 100 pips).

TakeProfit:

Para establecer una ganancia máxima, estableceremos un Take Profit a una distancia de 125 pips del precio de apertura. Para el trade Buy, el take profit se posicionará arriba: por lo tanto, 100 pips por encima del precio de apertura del trade. En cambio, para la operación Sell, el take profit se colocará a continuación: por lo tanto, 125 pips por debajo del precio de apertura.

En el caso de que la operación genere ganancias pero aún no haya afectado el take profit, puedes decidir mover manualmente el Stop Loss a Break Even, o con una ligera ganancia: de esta manera, si el trade fuera a retroceder, la operación se cerrará en empate o con un ligero beneficio.

Ejemplo trade buy:

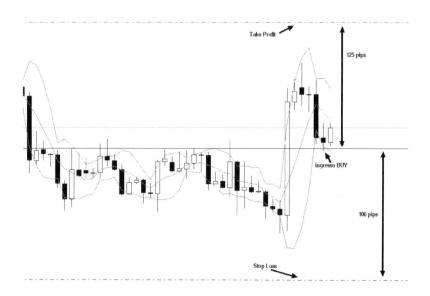

En resumen, abrimos el gráfico mt4 y EurUsd seleccionando el time frame de 4 horas (H4).

Insertamos en el gráfico el conjunto BB como se explicó anteriormente.

Luego debemos observar el cierre de la vela de las 00:00 (que cierra alrededor de las 3:59, así que nos colocaremos frente a los gráficos en este momento) o el cierre de la vela de las 4:00 (alrededor de las 7:59).

Si hay condiciones en la primera vela, abrimos inmediatamente el trade; de lo contrario, esperamos que se cierre la vela de las 4:00. Si existen las condiciones en este segundo caso, abrimos el trade. Sin embargo, si no hay condiciones en la primera vela o en la de las 4:00, simplemente no abrimos ningún trade.

En caso de que hayan condiciones de apertura, observando el cierre de la vela de las 4:00, tenemos hasta las 12:00 para abrir el trade e ingresaremos solo si el precio está por encima de la vela de la señal, para las entradas Sell, o debajo de la vela de señal, para entradas Buy.

Última nota muy importante: solo podemos abrir un trade por día, ya sea Sell o Buy. NO abriremos más de una operación al día con esta estrategia.

Entiendo que es difícil de entender, especialmente si nunca lo has hecho, pero te aseguro que con un poco de práctica y releyendo cuidadosamente las instrucciones proporcionadas, ¡ciertamente podrás abrir tus primeras operaciones de inversión!

Normalmente, esta estrategia es súper simple en términos de lógica, entrada y gestión de posición, pero también comprenderás que no todos pueden pararse frente al gráfico alrededor de las 2 de la madrugada o las 6. Precisamente por esta razón, otra gran ventaja de los sistemas automáticos es su autonomía: pueden abrir, administrar y cerrar los trades con total independencia las 24 horas del día, incluso mientras duermes cómodamente en tu cama o estás afuera pasandolo bien.

Esta es, en mi humilde opinión, una de las ventajas más significativas del trading automático. Si decides unirte a nuestros cursos de formación o aprovechar nuestros sistemas automáticos, podrás tocar con mano su acción, su efectividad y todas las ventajas que conlleva. Tanto en términos de tiempo como en términos de dinero.

Tenemos un grupo de Facebook y Telegram donde estamos en contacto con cientos de personas, ya sean afficcionados del trading, inversores o estudiantes activos.

Si lo deseas, mientras tanto, puedes visitar www.alessioaloisi.com para comenzar a dar tus primeros pasos y obtener la primera información.

ESTRATEGIA TRENDFOLLOWING

La estrategia de trendfollowing es la estrategia que trata de seguir el trend de fondo. En este caso, no intentamos anticipar una inversión como en el caso del reversal, sino que simplemente tomamos nota de que hay un trend en curso y la seguimos ingresando al mejor precio posible: este es el principio básico de esta estrategia.

Por lo general, las estrategias de trendfollowing buscan estos trends amplios y cierran operaciones después de muchos pips (siempre en relación con el time frame utilizado). Comúnmente, estas estrategias no tienen muy grandes Stop loss y Take profit de larga distancia.

Una estrategia trendfollowing a menudo se caracteriza por pequeñas pérdidas constantes, seguidas de ganancias infrecuentes pero muy sustanciales, esto debido al riesgo de retorno.

Las estrategias tendfollowing se utilizan mucho para aquellos que realizan trading de posición a largo plazo o multyday: lógicamente porque es difícil manejar grandes trend con las operaciones intraday.

El indicador por excelencia para estas estrategias es, sin duda, el promedio móvil.

Se puede hacer el acceso Long si el precio cruza el promedio móvil hacia arriba; por lo contrario, se puede hacer el acceso Short si el precio cruza su promedio móvil hacia abajo.

El cierre puede ser dictado por el take profit y stop loss o por el cruce inverso de precios con el promedio.

Otra estrategia puede ser insertar diferentes promedios móviles con diferentes valores: si los promedios se cruzan hacia arriba, se puede abrir una operación Buy. Por lp contrario, si los promedios se cruzan hacia abajo, se puede abrir una operación Sell .

Estrategia utilizando los Promedios Móviles

Los promedios móviles también son una herramienta que realmente aprecio por su simplicidad y eficiencia y por las muchas situaciones en las que se pueden usar.

En este ejemplo, los utilizaremos para buscar entradas en USDJPY, de modo que tú también puedas comenzar a practicar fácilmente en los gráficos y abrir y cerrar trades de acuerdo con condiciones preestablecidas.

Realicé un análisis cuantitativo para encontrar las mejores condiciones de apertura y cierre de trades simplemente usando dos promedios móviles: uno más rápido calculado en menos períodos, uno más lento calculado en más velas.

Equity Estrategia:

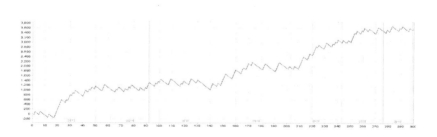

Esta es la equity de esta estrategia desde 2013 hasta agosto de 2019. Se ha estudiado siguiendo lógicas, pruebas y contrapruebas precisas.

Veamos cuáles son las lógicas de entrada y salida que puedes probar de inmediato.

Configuración del indicador:

Primero necesitamos establecer el indicador con estos parámetros, luego abrimos el MT4 de Ic Markets (u otro broker si ya lo tienes, si aún no lo has hecho, te invito a que vaya a este enlace →

www.alessioaloisi.com/icmarkets

continúe con la registración gratuita y descargua el mt4).

Una vez que Mt4 esté abierto, abrimos el gráfico USDJPY en el time frame H1 (gráfico horario).

Ahora, entre los indicadores disponibles, seleccionamos dos promedios móviles, uno a la vez, y los establecemos así:

Promedio Rápido

Periodo: 50

Método promedio móvil: simple

Desviación: 0

Aplicar a: Close.

Promedio Lento

Periodo: 90

Método promedio móvil: simple

Desviación: 0

Aplicar a: Close.

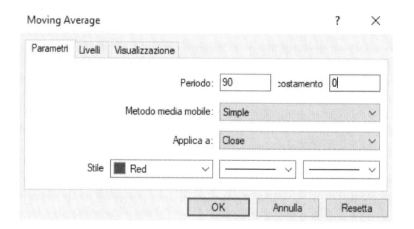

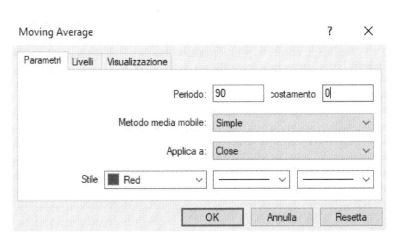

Te aconsejo que configureS dos colores diferentes para distinguir entre el promedio rápido y el lento.

En este punto, deberías ver el gráfico de precios con los dos promedios móviles, más o menos como en esta foto:

Ahora que hemos preparado el indicador con los parámetros correctos y el gráfico UsdJpy en el time frame H1, veamos cuáles son las condiciones de entrada y salida.

Setup de entrada

Pares de divisas: USDJPY

Time frame: H1

Horario de operación:

Las horas de operación indican las horas en que se puede implementar esta estrategia: en este caso, podemos abrir la operación de 1:00 a 22:00 (el tiempo del broker, que en el caso de los Markets de CI va una hora por delante, GMT +. De ahora en adelante me referiré al horario del broker, así que ten cuidado de no confundirte).

Operación Sell/Short

¿Cómo abrir una operación Short?

Abramos una operación de Sell, simplemente cuando el promedio rápido cierra por debajo del promedio lento.

Al igual que en esta foto, el promedio rápido acaba de cerrar por debajo del promedio lento: en este punto, se ha abierto un trade Sell.

Operación Buy/Long:

Situación opuesta. Abramos una operación Buy simplemente cuando el promedio rápido cierra por encima del promedio lento.

Al igual que en esta foto, el promedio rápido acaba de cerrar por encima del promedio lento: en esta intersección se ha abierto un trade Buy

StopLoss:

Para limitar la posible pérdida de nuestro trade, colocaremos un Stop Loss a una distancia de 45 pips del precio de apertura. Para el trade Buy, el stop loss se colocará debajo: por lo tanto, 45 pips por debajo del precio de apertura del trade. Sin embargo, para la trade Sell, el stop loss se colocará arriba: 45 pips por encima del precio de apertura.

(En el meta trader: 450 puntos mt4 equivalen a 45 pips).

TakeProfit:

Para establecer una ganancia máxima, estableceremos un Take Profit a una distancia de 150 pips del precio de apertura. Para el trade Buy, el take profit se posicionará arriba: por lo tanto, 150 pips por encima del precio de apertura del trade. En cambio, para la operación Sell, el take profit se ubicará a continuación: 150 pips por debajo del precio de apertura.

En el caso de que la operación genere ganancias pero aún no haya afectado al take profit, puedes decidir mover manualmente el Stop Loss al Break Even, o con una ligera ganancia. De esta manera, si el trade retrocede, la operación se cerrará en empate o con un ligero beneficio.

Ejemplo trade buy:

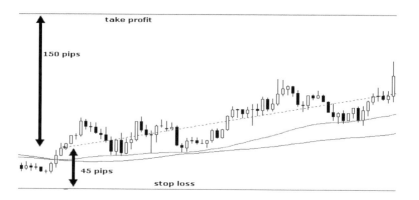

En resumen, abrimos el gráfico Mt4 y el grafico UsdJpy seleccionando el time frame horario (H1).

Insertamos en el gráfico los promedios móviles establecidos como se explicó anteriormente.

Luego esperamos el cierre de la intersección del promedio móvil rápido con el promedio móvil lento: si el rápido cruza el lento desde abajo hacia arriba, abrimos un trade buy; por lo contrario, si el rápido atraviesa el lento de arriba a abajo, abrimos un trade sell.

Recuerdo que el range horario para implementar esta estrategia es de 1:00 a 22:00 hora del broker.

Esta estrategia es mucho más simple que la reversal con bandas de Bollinger, ya verás que familiarizarás con ella en poco tiempo.

Básicamente, esta estrategia también es súper simple en términos de lógica, entrada y gestión de posiciones. Sin embargo, comprendes bien que no es muy agradable permanecer frente al gráfico esperando que se crucen los dos promedios. También porque, con esta estrategia, se realizan pocas operaciones por mes.

Incluso en este caso, por lo tanto, el trading automático es la mejor solución, ya que logra abrir, administrar y cerrar operaciones con total autonomía las 24 horas del día.

(¿Soy un poco parcial para el trading automático? Sí, un poco).

Si aún no lo has hecho, únate a nuestros grupos de Facebook y Telegram, contácteme a través de www.alessioaloisi.com o mi página de Facebook y empieza a dar tus primeros pasos.

ESTRATEGIA BREAKOUT

La estrategia Breakout es esa estrategia que trata de manejar no tanto el trend de fondo, sino la fuerza direccional explosiva del precio.

En este caso, no intentamos anticipar una inversión, como en el caso del reversal, ni tratamos de identificar un trend de fondo para seguirlo. En pocas palabras, ingresamos al mercado cuando hay una ruptura de un nivel importante con una acción de precio decisiva: al alza para la Buy, a la baja para el Sell.

Por lo general, las estrategias Breakout buscan estas rupturas fuertes y cierran las operaciones una vez que se agota la fuerza explosiva (siempre en relación con el time frame utilizado). Estas estrategias comúnmente tienen un stop loss estrecho y take profit bastante grandes, también basados en la volatilidad.

Una estrategia Breakout a menudo se caracteriza por pequeñas pérdidas constantes, seguidas de ganancias infrecuentes pero muy importantes, esto debido al riesgo de retorno.

Las estrategias Breakout son ampliamente utilizadas, especialmente por aquellos que realizan operaciones intraday o multyday.

Para este tipo de estrategia, generalmente se utilizan trendline de soporte o resistencia, que indican niveles de precios importantes tomados en consideración, especialmente en time frame grandes a partir de 4 horas en adelante.

Los niveles importantes se representan en el gráfico, ya sean soportes, resistencias, horizontales o trendline (como sabemos al combinar máximos y mínimos importantes) y en la ruptura de estos niveles ingresamos a favor de la ruptura: si el precio se rompe, ingresamos en Short. Si el precio se rompe, se ingresa Long.

Ejemplo de entrada short con roptura del trendline:

Ruttura decisa della trendline a ribasso

Como se puede ver en la foto, existe esa ruptura hacía abajo del trendline que se representó precedentemente y que muestra una posible entrada Short. Para manejar esta fuerza, la operación debe abrirse inmediatamente.

El cierre puede ser dictado por Take profit y Stop loss o por el logro de otro nivel importante.

No profundizaré aquí en analizar estas estrategias en detalle con herramientas cuantitativas, pero en caso de que estés interesado en profundizar, he preparado materiales de formación en los que puedes estudiar todo tipo de estrategias explicadas en este libro. Y es posible hacerlo sin saber cómo programar: esto se debe a que he creado strading systems adaptables que también pueden ser utilizados por aquellos que nunca han hecho trading o que no saben programar.

ESTRATEGIA VOLATILITY BREAKOUT

La estrategia de Volatility Breakout es la hija de la estrategia Breakout: en este caso, sin embargo, además de buscar la fuerza direccional explosiva del precio, también busca la velocidad de esta fuerza y va a explotar la decisión y la velocidad del precio.

Por lo general, las estrategias de ruptura de volatilidad buscan estas fuertes rupturas con velocidad y cierran las operaciones una vez que se agota la fuerza explosiva (siempre en relación con el marco de tiempo utilizado).

Comúnmente, estas estrategias tienen un Stop loss bastante ajustado y Take profit adaptables de acuerdo con la volatilidad.

Una estrategia Volatility Breakout a menudo se caracteriza por pequeñas pérdidas constantes, seguidas de ganancias que pueden variar según la volatilidad.

Las estrategias Volatility Breakout son ampliamente utilizadas, especialmente por aquellos que usan el trading intraday o multiday.

Las estrategias que se anuncian como "estrategias de news", es decir, aquellas estrategias utilizadas solo en presencia de noticias macroeconómicas, no son más que estas estrategias de Volatility Breakout. Esto porque a la presencia de noticias macroeconómicas, estas velas altamente direccionales se forman en muy poco tiempo.

Si, por un lado, se puede obtener muchas ganancias y también rápidamente, por el otro, se puede perder mucho y siempre muy rápidamente. Atención, por lo tanto, porque es una espada de doble filo si no se estudian cuidadosamente en cientos (si no miles) de trades.

Para este tipo de estrategias, generalmente se utilizan trendline de soporte o resistencia, que indican niveles de precios importantes tomados en consideración especialmente en time frame grandes desde el gráfico horario (H1) en adelante.

Como también se vio anteriormente, los niveles importantes se trazan en el gráfico, ya sean soportes, resistencias horizontales o trendline, combinando máximos y mínimos importantes. Con la ruptura de estos niveles, se ingresa a favor de la ruptura: si el precio se rompe a la baja, se hace el ingreso en Short. Si el precio se rompe al alta, se ingresa Long.

Ejemplo de entrada Long para con ruptura del trendline en presencia de noticia macroeconómica:

Como se puede ver en la foto, tenemos una ruptura hacía arriba de la resistencia previamente rastreada. Para dirigir esta fuerza, se debe abrir inmediatamente la operación.

El cierre puede ser dictado por take profit y stop loss, o por el logro de otro nivel importante.

En este caso, la vela alcista que irrumpe es la vela creada en correspondencia con una noticia económica muy importante, la "PFN" (no farm payrolls) que tiene lugar el primer viernes de cada mes.

ESTRATEGIA BIAS/estacionalidad

BIAS es una de mis favoritas.

Esta estrategia busca ineficiencias que surgen con una cierta naturaleza sistemática en el mercado. Es un tipo de estrategia que busca una ventaja estadística repetitiva en el tiempo (en un momento determinado, día, semana, mes o tendencia estacional) y trata de aprovecharla al máximo.

A diferencia de todas las otras estrategias que se refieren principalmente a los movimientos de precios, los sistemas Bias se basan en range temporales.

Por lo general, las estrategias Bias/estacionales buscan estos ciclos de mercado y presentan stop loss y take profit que varían de acuerdo con los estudios realizados y el time frame operativo.

Estas estrategias deben estudiarse y analizarse con herramientas cuantitativas: es extremadamente difícil, y en algunos casos imposible, estructurar estas estrategias mediante un análisis manual de los gráficos.

Fui el **primero** y sigo creyendo que soy el **único** que ha creado una herramienta para Mt4 capaz de analizar esta ciclicidad para el mercado Forex, permitiendo incluso a aquellos que no saben planificar, estudiar este tipo de estrategia.

Dejando de lado el Forex, un ejemplo de una estrategia que explota la estacionalidad es la del spread trading de las materias primas, que explota los movimientos cíclicos de las materias primas en las diferentes estaciones.

Tomemos un breve ejemplo general de estrategias Bias, analizando EurUsd desde 2010 hasta 2018.

Veamos juntos qué pueden usarse estas recurrencias cíclicas para nuestro beneficio.

Análisis horaria: operaciones Short

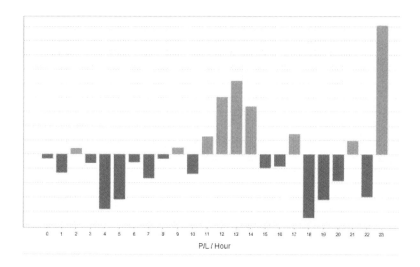

P/L / Hour

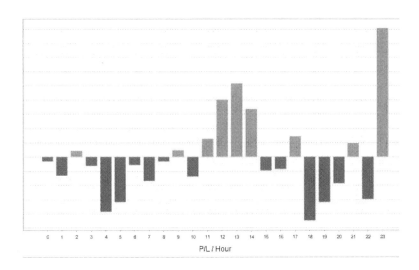

P/L / Hour

Para obtener este gráfico, planteé la hipótesis de la apertura de un trade short al comienzo de la hora y su cierre a la hora siguiente, para un total de 24 operaciones diarias. Básicamente, una operación cada hora.

Este análisis se realizó desde 2010 hasta hoy, agosto de 2019.

En el eje vertical hay una escala que indica el beneficio, mientras que en el horizontal tenemos las horas de trading que van de 0 a 23 (tiempo del broker).

Como podemos ver, el tiempo más rentable es el de las 23:00 esto significa que las operaciones short abiertas a las 23:00 y cerradas a las 00:00 fueron las de mayor rendimiento. Sin embargo, no tomamos en cuenta estos datos, porque a la medianoche GMT + 2 pasamos de un día de bolsa a otro y, en consecuencia, el spread aumenta dramáticamente. El análisis no tiene en cuenta este enorme spread: esta mega ganancia de las 23 de la noche es, por lo tanto, una ilusión poco realista. Por lo tanto, para un análisis de este tipo, es necesario tener cuidado con cualquier detalle: ¡es fácil ahogarse en un vaso de agua!

En cambio, podemos confiar en todos los demás horarios que van de 1:00 a 22:00.

Inmediatamente nos damos cuenta de que hay varios horarios bastante rentables, todos los de 17:00 y 21:00. Pero un intervalo de tiempo particular llama inmediatamente la atención: es ese range horario que va de 11:00 a 14:00. En este intervalo de tiempo, vemos un beneficio constante que podemos atesorar.

Esta información también es muy útil para los trader discrecionales, que si usan operaciones intraday, pueden preferir entradas short en este intervalo de tiempo en comparación con otros momentos del día.

Gracias a este análisis, sabemos que el EurUsd tiene una tendencia bajista que va de 11:00 a 14:00. Y esto gracias al análisis cuantitativo, en mi estudio de 9 años, sobre aproximadamente 60,000 operaciones. ¿Entiendes ahora el poder y la utilidad de estas herramientas? ¡Y aquí realicé un análisis muy simple, sin siquiera entrar en detalles!

Además del análisis Short, también es posible hacer el análisis para los Long y para todos los demás asset de Forex.

Pero ahora vamos a ver cómo se comporta el EurUsd los días de semana.

Análisis semanal: operaciones short

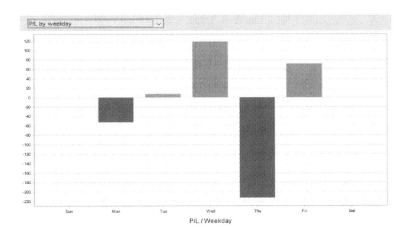

P/L / Weekday

Para obtener este gráfico, planteé la hipótesis de la apertura de un trade shor al comienzo del día y su cierre al final del día, para un total de 5 operaciones semanales: 1 por día.

Este análisis se realizó desde 2010 hasta agosto de 2019.

Inmediatamente notamos una cierta tendencia bajista el miércoles, mientras que, por el contrario, hay grandes pérdidas el jueves.

Este análisis puede ser muy útil para aquellos que operan manualmente con una operación multiday.

Además del análisis horario y diario, también es posible analizar los días del mes, los propios meses e incluso las estaciones. Realmente hay mucho estudio y mucha investigación que hacer ...

Desde mi humilde punto de vista, las herramientas cuantitativas son esenciales para mejorar el rendimiento de los traders: ya sean discrecionales, semi-discrecionales o automáticos.

MONEY MANAGEMENT

El money management es un elemento fundamental para un trading exitoso, pero es sobre todo útil para evitar sorpresas desagradables.

En términos generales, existen diferentes tipos de money management para gestionar nuestras propias operaciones y la porción de capital que se dedicará a cada trade.

Las "administraciones de dinero" más utilizadas son:

- Lotes Fijos
- Compounding (o fixed fractional method)
- Martingala
- Mediación
- Piramidación

Los money management más conservadoras y recomendadas son: lotes fijos y compounding.

Por ahora, te aconsejo que comiences a practicar usando lotes fijos, siempre usando los mismos lotes para cada operación (por ejemplo, un minilot 0.1 o microlot 0.01).

En resumen, el compounding o interés compuesto es el técnico que te permite tener un riesgo fijo calculado como un porcentaje y reinvertir proporcionalmente tus ganancias para obtener una ganancia exponencial con el tiempo.

Sin embargo, hablo sobre este tema de una manera mucho más detallada en el libro dedicado al trading automático que puedes encontrar en este enlace:

https://www.amazon.es/dp/B0863J1V8K/. Básicamente, eso es lo que necesitas saber.

Si es un lector hambriento, te recomiendo el libro de Andrea Unger "Trattat di money Management", el best seller sobre el tema que puedes encontrar en este enlace -- -> https://amzn.to/2zzRYGc.

Conclusión

Para acabar, hemos visto en general las diferentes estrategias operativas y hemos hecho algunos ejemplos prácticos.

Entre estas estrategias, te estarás preguntando cuál puede ser la mejor. Bueno, la respuesta final es ... ¡NINGUNA!

No existe una estrategia absolutamente mejor que sea adecuada para todos los mercados; por lo contrario, cada estrategia puede ser más adecuada para un par de divisas que para otra.

La clave para estructurar estrategias exitosas es tomar lo mejor de cada una y adaptarla al mercado, como una costurera que cose un vestido a medida.

Los sistemas más efectivos son los "híbridos", o sea, las estrategias que unen estas lógicas operativas para formar una única estrategia ganadora.

Específicamente, partimos de una estrategia básica, cuya naturaleza puede ser una de estas cinco ya explicadas, y posteriormente se agregan filtros operativos que pueden basarse, por ejemplo, en estudios BIAS, utilizando tiempos específicos o filtros de trend para preferir los ingresos a favor de los trend, etc.

Sin embargo, hablo mejor de este tema en los cursos de formación que he creado específicamente y en los que explico cómo estructurar una estrategia paso a paso a partir de cero.

Creo que el desarrollo, el estudio y la investigación de las estrategias es algo infinito. De hecho, hay miles y miles de combinaciones posibles. Siempre hay algo que aprender, probar y testar.

CUIDADO CON: ¡Quien te presente la fórmula mágica... simplemente se burla de ti!

En este punto, solo debes comenzar a practicar abriendo una cuenta demo o real con un size bajas (enlace para registrarse en el broker→

www.alessioaloisi.com/icmarkets)

La diversificación es un punto clave para administrar mejor nuestro propio dinero, utilizando diferentes estrategias en diferentes mercados. Usando los trading system, puedes tener de 1 a 50/60 estrategias que funcionan independientemente las 24 horas del día en diferentes pares de divisas y puedes gestionar tus ahorros sin un gran conocimiento financiero.

"Invertir es simple, pero no es sencillo".

-Warren Buffett-

¡Quiero terminar este capítulo dejándote las principales reglas del trader escritas por William Delbert Gann, uno de los mejores trader de todos los tiempos!

01. Divide tu capital en 10 partes iguales y arriesga como máximo solo una por operación.

02. Siempre utiliza órdenes stop loss.

03. Nunca sobre operes(overtrade), porque violarías la regla N°1.

04. Nunca permitas que una ganancia se convierta en una pérdida. Para hacer esto, aumenta su stop loss (o bájalo si está cayendo) a medida que los precios suban (o bajen). De esta manera, cualquier cambio lo "liquidarás" mientras todavía estés en "ganancias".

05. Siempre sigue la tendencia. No pienses en anticiparla. No participes en la compra o venta si no estás seguro de la dirección del mercado o de la seguridad individual.

06. Cuando tengas dudas, sal, no te metas.

07. Actua solo sobre valores activos. Olvida todo lo que no muestra signos de vida durante mucho tiempo.

08. Distribuye el riesgo entre cuatro y cinco acciones diferentes. Evita poner todos los huevos en una canasta.

09. No limites tus órdenes. Cuando hayas decidido, compra o vende "en el mejor de los casos".

10. Nunca cambies tu posición sin una buena razón. Sigue la tendencia y protégete con un stop loss

11. Recoge un excedente. Después de un cierto número de éxitos, guarda algo de dinero y úsalo en emergencias o durante períodos de pánico.

12. Nunca compres para "cobrar" un dividendo.

13. No "racionalices" una pérdida. Si el mercado va en la dirección opuesta a la tuya, no pienses que es una buena oportunidad para aumentar tus compras (o ventas si está en desventaja). Solo tienes que salir de tu posición.

14. Nunca salgas del mercado porque has perdido la paciencia y nunca entres porque estás ansioso por la espera.

15. Evita di fare piccoli profitti e grosse perdite.

16. Nunca canceles un stop loss.

17. Evita entrar y salir del mercado continuamente.

18. Juega tanto al alza como a la baja.

19. Nunca compres o vendas solo porque el precio está bajo o alto.

20. Ten cuidado de aumentar tu posición en el momento equivocado. Espera hasta que la acción se haya vuelto muy activa y haya "perforado" la resistencia para comprar más (es decir, ha "roto" el soporte para vender más).

21. Si deseas aumentar tu posición, recuerda hacerlo con valores muy delgados (poco flotantes) si estás en compra y con valores muy líquidos (muy flotantes) si estás en venta.

22. No trates de igualar. Si compraste una acción que comenzó a caer, no vendas otra a la vista solo para igualar. Vende el título que compraste.

23. Nunca cambies de posición sin una buena razón. Solo un cambio probado justifica esta decisión.

24. Evita operar luego de largos periodos de éxito o fracaso. Corre el riesgo de perder en algunas operaciones lo que ganaste en mucho tiempo.

Resumen del capítulo 5º:

- **Estrategia Reversal**
- **Estrategia Trendfollowing**
- **Estrategia Breakout**
- **Estrategia Volatility Breakout**
- **Estrategia Bias/estacionalidad**
- **Money Management**

Notas:

Capítulo 6: Ser Trader

*El éxito consiste en hacer una predicción exacta en el 60%
de los casos. Lo que significa que en el 40% restante,
incluso un trader muy bueno pierde dinero.*

-Jesse Livermore-

Ser o no ser (trader): esa es la cuestión.

El trading es una actividad empresarial. Y como en todos los negocios hay costes e ingresos.

Los costes pueden estar relacionados tanto con la formación (cursos, libros, etc.) cuanto con los costes variables, como el spread y las comisiones pagadas al broker por cada operación abierta. En cambio, otros costes se relacionan con las pérdidas mismas. Los ingresos son obviamente dados por las operaciones ganadoras.

Es una actividad al alcance de todos, pero se requiere muchas ganas, pasión y dedicación.

Ser trader significa ser emprendedor. Debes tener todas esas habilidades típicas de los empresarios: perseverancia, proactividad, liderazgo, autogestión, disciplina, gestión de las emociones, saber cómo decidir rápidamente y asumir el 100% de responsabilidad por lo que suceda.

Estará prohibido quejarse, estará prohibido culpar al mercado: somos los únicos responsables de nuestro trading. Para bien o para mal.

Debes tener en cuenta que en el trading, como en la vida, hay períodos positivos y negativos: lo importante es mantener un promedio positivo y no ser derribados por períodos de bajón. Del mismo modo, ino tienes que ser codicioso en los períodos de Up!

Al comenzar este camino encontrarás dificultades: no será fácil, te equivocarás, pasarás muchas horas practicando y estudiando. Pero para un trading exitoso, tendrás que superar todo esto, estar hambriento de soluciones, aprender de los mejores y sobre todo de sus errores.

Si logras pasar por todo esto, también mejorarás tu vida. Las habilidades personales que adquirirás te llevarán a ser decisivo incluso en diferentes áreas de tu propia vida.

Aprender a programar desde cero y hacer trading conscientemente me llevó a ser más analítico en la vida. Reflexionar sobre mis elecciones, establecer prioridades, establecer metas y llevarlas adelante, mejorando mis procesos de toma de decisiones y gestión. También me llevó a conocer a muchas personas exitosas que me acompañaron en este camino y que continúan haciéndolo al día de hoy.

RESULTADOS

Además de la teoría y la práctica, también quiero mostrarte lo que están haciendo mis alumnos.

¡Estas son dos equity de dos clientes que usan la plantilla automática que puse a disposición con solo 5 estrategias automáticas!

Los porcentajes se refieren al capital utilizado y al riesgo, en función del money management que todos deciden adoptar.

(son historiales certificados, conectados a la plataforma myfxbook.com)

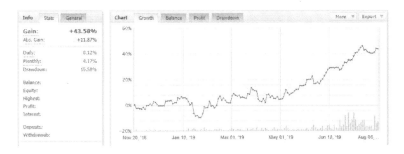

Conclusiones

Si has llegado a leer hasta aquí, quiero agradecertelo. El tiempo es el recurso más importante que tenemos, el hecho de que lo haya dedicado a leer mis palabras es un enorme placer para mí. No son frases hechas, de verdad te lo digo. Muchas gracias.

Traté de "saltar" la mayor cantidad de teoría posible, yendo directamente al grano: las nociones esenciales, las nociones prácticas y productivas.

Espero que este libro te haya sido realmente útil y que en este momento tengas una idea clara de lo que puede ser el mercado Forex con los CFD.

Espero que entiendas que no es oro todo lo que reluce. Que no hay garantías y que, como todos los caminos, se empieza desde el primer paso. Saber cómo filtrar la información correcta, saber cómo confiar en personas preparadas y honestas es un paso crucial para el éxito en esta área.

Más que un libro, diría que este es un curso impreso en papel. Realmente espero que lo atesores.

En el libro dedicado al trading automático que puedes encontrar en este enlace --->

https://www.amazon.es/dp/B0863J1V8K/, veremos con más detalle cómo estructurar estrategias automáticas. Nos enfrentaremos a los parámetros de evaluación para promover o rechazar una estrategia.

Puedes visitar www.alessioaloisi.com y, si deseas mantenerte actualizado sobre las novedades, puedes seguir mi página de Facebook à https://www.facebook.com/AloisiAlessio/ o el canal de YouTube à https://www.youtube.com/channel/UCqPygxHt2xrN3C1pIxe Jmog.

Si desea unirte a nuestros grupos gratuitos de Facebook / Telegram, puedes contactarme por Telegram @AloAle o por correo electrónico: info@alessioaloisi.com

Si te gustó este libro, te pido amablemente que dejes una reseña en la página de Amazon dedicada a este texto. Si, por otro lado, no estás satisfecho o tienes alguna consideración particular que hacer, puedes contactarme directamente por correo electrónico al info@alessioaloisi.com o en mi página personal de Facebook.

Estaré encantado de recibir críticas constructivas para poder mejorar este texto y poder crecer como persona.

Gracias por tu tiempo!

¡Te deseo un trading consciente con muchas satisfacciones!

Alessio Aloisi

Contactos:

Correo: info@alessioaloisi.com

Telegram: @AloAle

Página web: www.alessioaloisi.com

Facebook: www.facebook.com/AloisiAlessio/

YouTube:
www.youtube.com/channel/UCqPygxHt2xrN3C1
pIxeJmog

Recursos recomendados

Mi nuevo libro sobre el Trading Automatico:

https://www.amazon.es/dp/B0863J1V8K/

Para aprender a operar en el mercado de Futures utilizando un trading system, con capitales sustanciales, recomiendo seguir al 4 veces campeón mundial Andrea Unger empezando con mirar este webinar:

(respetar minúsculas y mayúsculas)

http://bit.ly/2kyM6JE

Agradecimientos

Quiero agradecer a mis amigos y familiares.

Matteo De Angelis, quien corrigió y revisó este texto. Mis mentores, que también mencioné en el libro.

Mis alumnos y todas las personas que me siguen / que representan una fuente constante de mejora.

Ad Maiora

Alessio

Made in United States
Orlando, FL
11 May 2025

61203706R00096